中华先锋人物
故事汇

邰丽华

无声之舞

TAI LIHUA
WU SHENG ZHI WU

殷健灵 著

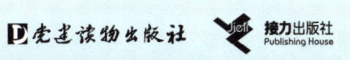

党建读物出版社　接力出版社

图书在版编目（CIP）数据

邰丽华：无声之舞/殷健灵著. —南宁：接力出版社；北京：党建读物出版社，2021.6

（中华人物故事汇. 中华先锋人物故事汇）

ISBN 978-7-5448-7201-0

Ⅰ.①邰… Ⅱ.①殷… Ⅲ.①传记小说－中国－当代 Ⅳ.①I247.5

中国版本图书馆CIP数据核字(2021)第091894号

邰丽华 ——无声之舞

殷健灵 著

责任编辑：	李雅宁 陈文龙
文字编辑：	王 燕
责任校对：	杜伟娜 高 雅
装帧设计：	严 冬 许继云　　美术编辑：高春雷
出版发行：	党建读物出版社　接力出版社
地　　址：	北京市西城区西长安街80号东楼（邮编：100815）
	广西南宁市园湖南路9号（邮编：530022）
网　　址：	http://www.djcb71.com　http://www.jielibj.com
电　　话：	010-65547970/7621
经　　销：	新华书店
印　　刷：	河北鹏润印刷有限公司

2021年6月第1版　　2022年10月第4次印刷

787毫米×1092毫米　32开本　4.25印张　60千字

印数：25 001—31 000册　　定价：22.00元

本社版图书如有印装错误，我社负责调换（电话：010-65547970/7621）

目录

写给小读者的话 ········· 1

邰丽华 ················· 1
  曾是个爱说话的小小孩 ······· 3
  听不见了，四处求医 ······· 4
  爸爸妈妈教我学说话 ······· 6
  只能一个人玩 ············ 8
  关于声音，难忘的记忆 ······· 12
  他们都和我一样 ·········· 15
  上学，让我获得自信 ······· 16
  律动课，改变命运 ········ 18

一双白舞鞋 ········· 25

第一次离家 ········· 28

实现舞蹈梦 ········· 34

从未忘记感恩 ······· 38

爸爸、妈妈和姐姐 ····· 43

 爸爸 ············ 45

 妈妈 ············ 54

 姐姐 ············ 57

老师们 ············· 65

 刘康宁老师 ········ 65

 皮云秀老师 ········ 81

 杜红老师 ·········· 95

 文洁老师 ·········· 104

附录 我和舞蹈 ········ 115

写给小读者的话

她是舞台中央的观音化身,颔首低眉,合掌凝神。

在她身后,二十双手错落有致地伸出了兰花指,中指抬起,拇指和食指并拢,无名指和小指微翘;二十双手,犹如渐次盛开又闭合的花瓣,由缓到疾,由疾到缓,伸展又收拢;在观众的视角里,眼中只有她,看不见她身后的二十名舞者,她与他们合为一体,成了传说中神秘而圣洁的千手观音。

那错落变化的"观音手",时而如莲花绽放,时而如孔雀开屏……光影交错,变化无穷,富丽绚烂。而作为领舞的她,安详,神秘,庄严,她的一颦一笑、一举一动,俨然成为人们心目中慈悲、善良的观音的化身。

——这是二〇〇五年中央电视台春节联欢晚会上由中国残疾人艺术团表演的舞蹈节目《千手观音》。在舞台上创造辉煌的,全部是听不见声音的聋人舞者。因此,《千手观音》称得上是一台无声之舞。

时隔十余年,人们依然记得当年那场舞蹈带来的新奇与震撼,并对此津津乐道。他们疑惑,聋人——人们惯常以为的身体缺陷者——何以与背景音乐配合得如此默契,何以能如此精湛地展现肢体之美?也正因这台让人过目不忘的节目,全中国乃至全世界华人认识并记住了领舞——聋人舞蹈家邰丽华。

其实,在此之前,她的足迹早已迈出国门。

早在二〇〇〇年,在世界级艺术殿堂——纽约卡内基音乐厅,邰丽华曾以充满激情的曼妙舞蹈,征服了"什么都见过"的纽约观众。音乐厅里,悬挂着一百多年来在这里演出过的世界著名艺术家的肖像和经典节目剧照,唯一的中国剧照,便是邰丽华表演的舞蹈《雀之灵》。

二〇〇二年十月,在日本出席世界残疾人领导会议的代表,把中国残疾人艺术团称为"人类特殊艺术的火炬"和"全球六亿残疾人的形象大使"。而邰丽华作为艺术团的形象大使,她代表的正是中国六千万残疾人。

……

邰丽华的确是一个奇迹。

她的出现,不禁让人们惊叹:原来聋人和音乐、舞蹈,与艺术之美并不绝缘;对于所有的聋人,甚至整个残疾人群体,她还具有标志性的意义——她让所有人意识到什么才是真正的人与人的平等,怎样才可以活得更有尊严,即便身体残缺,但残疾人依然可以在黑暗中体味光明,于无声中感悟韵律,于残缺中寻求完美。对于庞大的残疾人群体来说,邰丽华是标杆,是明灯,是曙光;对于健全人,邰丽华更是镜子,是榜样,是希望。

邰丽华的成功也许是特例,不能复制,但我依然想通过追索她的成长轨迹,以及陪伴她成长的家人、老师的回忆,找到一些内在的规律。这里,不仅可以看到一个普通女孩的心灵求索的过程,更可以看见在她成长中从未缺少的爱的力量,以及平等、尊重、自尊、宽容、奉献等人性的闪光。

邰丽华

时间：二〇一九年六月二十五日
地点：中国听力语言康复研究中心（北京）

到了预约时间，邰丽华出现在中国听力语言康复研究中心的门诊大厅里。是我想象中的模样，清爽的露出额头的马尾辫，一袭朴素简洁的棉质裙装，一双露趾休闲凉鞋，身材小巧、纤细。已过不惑之年，眼神里依然透着清纯干净的少女气。我们用微笑和手势交流了一下，我便跟着她走进了电梯。

这里是中国听力语言康复研究中心，也是中

国残疾人艺术团所在地。据邰丽华介绍，中国残疾人艺术团自一九八七年建团以来，直到现在还没有属于自己的团址，只能暂时租用了中国听力语言康复研究中心的两层楼面。邰丽华是中国残疾人艺术团团长，她先带我去排练厅。在那里，艺术团的团员们正在为国庆演出加紧排练，都是二十出头的年轻的面孔，穿着清一色的黑色练功服，与邰丽华当年一样青涩、稚嫩。她们目不转睛地盯着舞蹈教练的每一个指令，做出整齐划一的动作。

邰丽华戴着助听器，基本能像正常人一样说话，只是因为声带退化的关系，发音有些艰涩，交流起来还是不够流畅。她请来两位手语翻译：李琳和黑虹，在她们的帮助下，我们的交流得以顺畅地进行。

曾是个爱说话的小小孩

一个人的成长往往是由童年决定的。

如果用颜色来形容我的童年的话，一开始它是灰色的。因为听不到声音，我的世界单调、灰暗。随着年龄的增长，增加了不同色彩。最初是爸爸妈妈教我说话，但留给我的印象是模糊的，像水彩画，刚刚上色就干了，留下一点儿淡淡的痕迹。然后，上小学，学会了认字、读书，我的世界渐渐有了别样的颜色。我出生在宜昌，是山里的孩子，能读到的书很少。印象最深的是路边的小书摊，一分钱可以看一两本小人儿书，我喜欢看连环画，黑白线条的那种，即便是黑白的，我的内心世界却因此丰富了。书上的画啊，故事啊，打开了我的世界，弥补了声音缺失的不足。就这样，我的世界渐渐有了颜色，变成了彩色的。

爸爸妈妈告诉我，在我听不见以前，我是

个特别爱讲话的孩子。甚至，我开口讲话比一般孩子还早。我不但会叫爸爸妈妈，还会叽叽咕咕说很多话。妈妈把我送到厂里的育婴室，下班接我回家的路上，我就会不停地跟妈妈说，哪个小朋友白头发的奶奶来了，哪个小朋友胖胖的妈妈来了……是个特别爱用形容词的小孩。

听不见了，四处求医

两岁半时，我得了肺门淋巴结核，高烧不退，医生给我注射了链霉素。没有想到，高烧退了，听力却受到了严重的损伤，我自己却并不知道。爸爸说，还是育婴室的老师发现我的听力有问题，让爸爸妈妈留意。至于爸爸和妈妈，只是发现原本听话的我，晚上变得会很闹腾。这可能是因为失去听力后，我不舒服，但又不会准确表达，便显得烦躁和固执了。

于是，我的记忆里便充满了爸爸带我四处求

医的片段。

爸爸利用出差的机会，带我去了可能去的每一座城市。轮船、火车、汽车……各种不同的交通工具，成了我玩耍和游戏的空间。爸爸带着我去了武汉、南京、北京、上海、广州……只要听到哪里有治病的消息，就带我去哪里。吃药、打针、针灸，甚至气功，一切的治疗方法都用了，但是，没有任何作用。

那时候，我懵懵懂懂，不识愁滋味。医院里有很多和我一样的小朋友，我觉得自己和他们没有什么区别。医生总是检查我的耳朵，可我想不出自己的耳朵有什么问题。甚至纳闷，我明明没有哪里不舒服，为什么需要马不停蹄地看医生？唯一让我感到不习惯的是，当我需要和别的健全的小朋友交流的时候，我无法表达，觉得特别费劲。

真正意识到自己和别人不同，是到了上幼儿园的年龄。

幼儿园里，老师让我们做辨别声音的游戏，别的小朋友都对声音有反应，只有我毫无知觉；老师弹钢琴的时候，让小朋友们张嘴跟着她唱歌，我不知道要唱什么，也听不到钢琴发出来的旋律声，只能跟着瞎唱。这才意识到自己和别的孩子不同。知道了自己和别人不同，我沮丧、自卑。因为我听不见，也不说话，每次午睡起来，调皮的男孩会把我的鞋子扔得远远的，刁难我。

求医无果，爸爸妈妈想保住我的残余听力，便无师自通地在家里教我说话。妈妈甚至内退在家，一心照顾我。

爸爸妈妈教我学说话

我的爸爸在宜昌葛洲坝船闸管理局工作，是一名宣传干事，妈妈是糖果厂的普通工人。其实，对于我的康复训练，他们一无所知，只能靠自学慢慢摸索。

那个年代，中国残疾人事业还没开始，中国残疾人联合会是一九八八年才成立的，我们宜昌这样的小城市，康复事业远没有开展。我的爸爸妈妈不懂得关于声带的专业知识，也不懂舌唇发音的技巧，只能靠着医生给予的有限的信息，自己琢磨着教我说话。我的爸爸有绘画基础，他做了很多卡片，教我认字。比如，我在动物园里见过大象，平时能见到很多老鼠，对这两种动物我不陌生。于是，爸爸在画有老鼠的卡片反面写一个"小"字，在大象卡片反面写一个"大"字，通过具象的东西，让我学会理解抽象的概念。妈妈还教我学习阿拉伯数字，读3，读1，不知为什么，无论如何我都学不会读3（笑），然后着急的妈妈还拿尺子打我的小手。

那时，我还有一些残余听力。对低频的粗的声音有一点点感知，而对高频的尖细的声音的感知能力完全损失了。可是，爸爸妈妈始终还对我抱有希望。

当时社会的文明程度不如现在,家里有个残疾孩子,爸爸妈妈感到很愧疚,认为似乎是他们的过失才造成了我听不见。他们怕我受欺负,怕别人议论我,就经常把我锁在家里。有时候,我实在憋得忍不住了,就央求妈妈让我下楼玩一会儿。妈妈为了让我多练习说话,只要我提出下楼玩,就趁机要求我把一大沓卡片读完才能出去玩。于是,我只能乖乖地一张一张快速念完,然后跑到厨房跟妈妈汇报,得到妈妈的同意后拔腿就跑。

只能一个人玩

我们住的是那种带院子的楼房,在家里望得见山。我在院子里认识了几个小伙伴,有女孩,也有男孩。记得有个个子很高的大女孩,玩着玩着,就用语言来伤害我,说我是"哑巴"。我听不见她的声音,但读懂了她的口型。我不知道什么是"哑巴",回家问妈妈,妈妈说,"哑巴"就是不喜欢你、骂你、打你的意思。我想起那个女孩带有歧视的眼神,心里觉得很愤怒。妈妈说,遇到这样的人,就走开。从此,我意识到,我无法参与"正常"孩子的群体。玩游戏的时候,他们不带我,他们说:"哑巴,不要!"只有一个女孩子,她会带我玩,还让她的姐姐拉着我一起过家家,我一直记得她的友善,也经常去找她。可惜我们在一起玩的时间很短,没过多久,她就搬家了,后来我们再也没有见过面。我记得她姓刘。

更多的时候,我只能一个人玩。

家里有一个小小的阳台,在屋里玩腻了,我就爬到阳台上去。在那里,爸爸种了很多植物,我把花盆里的花啊,枝叶啊拔出来,把土抠出来,将泥土和了水,做泥人玩。我回忆见过的动物的模样,把泥土捏成我想象中的样子。我的手很巧,捏什么像什么。泥巴灰突突的,我觉得泥塑需要颜色，于是，把花瓣和叶子摘下来，做成动物的眼睛和耳朵。一个人玩着玩着，就会探头张望楼下正在游戏的小朋友，心里痒痒的。如果姐姐在家，我就会央求姐姐带我下去找他们玩。有姐姐在，他们就不会欺负我。记得有一年的冬天，下了场大雪，我跟姐姐还有她的伙伴们在外面玩雪。突然，有人喊了我一声"哑巴"，姐姐就跟她打起来了。那时，姐姐一到冬天双手就会生冻疮，那次打架把生冻疮的手打出了血，都能看到里面的肉了，我当时心疼地抱着姐姐说："我们回家吧！我们回家吧！"

姐姐比我大四岁。在我听不见以后，为了全心照顾我，爸爸妈妈把姐姐全托了。为了我，姐姐做了很多牺牲，我心里一直感激她。

当然，如果没有伴儿，我一样可以一个人出门玩。在我们家对面有一条废弃的火车轨道，我喜欢在那里蹦跳、转悠。离家不远，还有一条野河浜，夏天的时候，爸爸在那里教会了我游泳。

邰丽华

我也喜欢去野地里捉螳螂，去野河边捉蝌蚪……

年幼的时候并不懂得忧伤，只有随着年龄增长，才慢慢感觉出孤独的滋味。在外面玩得尽兴了，回到家里才感觉到了没有玩伴的孤独。

但小时候的我，并没有太多与失聪有关的苦恼，也不懂得委屈和失望的滋味，人生和世界对于我来说是一张白纸。作为一个小孩子，那时候的我只有最原始的需要，吃饱，玩够，就满足了。

关于声音，难忘的记忆

关于声音，我有一些难忘的记忆。

我记得，小时候做爆米花的家伙是铁的，黑漆漆的，中间有个很扎实的铁盖儿，大家从自家拿来玉米或大米，请师傅把这些东西放进铁家伙里；铁筒下面烧着火，到了一定时间，用麻布口袋把铁筒罩住，然后我看到师傅要把盖子打开的时候，人们都会习惯性地捂着耳朵，妈妈也会提醒我，她好像忘了我听不见。我就站在那边专注地看着师傅熟练地操作，嘭！大地都震动了。那个声音对于我来说稍微大了些，但我很享受，回想起来，这是我童年唯一的声音记忆。

我还喜欢用身体去感受震动。每次爸爸带我去医院看病，都要坐公交车。二十世纪八十年代的公交车，司机座位旁边都有一个圆圆的发动机，一上车，我就会找离司机很近的位置站着。汽车一开，旁边的发动机就会轰轰地响。我喜欢用双手去触摸那个"鼓包包"，感受它的震动，我甚至会因此忘掉刚才在医院打针的痛。夏天的时候，发动机散发出热量，我虽满头大汗，脸上却挂着笑。爸爸说，看着我的样子，他觉得很心痛。可是，我却觉得高兴。

每个聋人听力的损失程度不一样，像我，是属于低频比较好的，但高频完全损失了。低频好，意味着可以听到敲门的声音——那种木质门发出来的沉闷的咚咚声。我从小学三年级开始，便自己乘坐公交车上学回家了。我还记得有几个老师问我家住在哪里，爸爸妈妈都没有告诉我，但我经常看到"403"这三个数字，便回答说，我家住在403。后来才知道山上有个三线工厂，厂名叫403，是第六机械工业部所属的一个工厂，专门生产大型海轮的柴油机，那条路准确的路名应该叫西陵二路。因宜昌的地理特点，地面有起伏，很多房子是顺山势而建的，且坡度比较高。我经常跟同学和老师说，我的家就住在"山上"。公交车每每要爬坡，在爬坡时会发出很大的引擎轰鸣的声音。在我眼里，爬坡的公交车好像一只会发出轰轰声音的巨大蜗牛，它还背着很多很多东西，然后又轰轰地经过我家门口。久而久之，我就熟悉了那个声音。全城只有这辆公交车能带着我去学校，然后送我回家，它就是7路车。每天六点半一趟，七点一刻一趟。我坐的是七点一刻那趟的。当我正在吃早饭，隐隐约约听到7路车慢悠悠地爬上来的声音，为了确定是不是7路车来了，我就跑到阳台上，伸长脖子张望，确定是它来了，赶紧吃完早饭，拎起军绿色的书包，以最快的速度跑到家门口的车站去等车——这轰轰的汽车引擎声足足陪伴了我三四年。

他们都和我一样

彻底改变我成长的，是我进入宜昌市盲聋哑学校（现名宜昌市特殊教育学校）上学。那是一个只有三亩地的小学校，一溜儿的平房，小小的篮球场，很多孩子在操场上跑来跑去，他们都在比画，没有人讲话。妈妈带着我在大门口的铁栅栏那里张望，妈妈指着门里，对我说："他们和你一样！"我点点头，对那里充满了向往。

我天天盼着去上学。妈妈担心我年龄太小，到不了入学年龄，便咨询了学校的老师，老师说带来看看吧。于是，妈妈就带我去面试。我还记得面试的情景，老师拿着绿色的小方块卡片，上面写有数字，让我照着卡片数数。对我来说，这太容易了。我提前做完了练习，顺利过关。就这样，六岁半的我成了一年级年龄最小的学生。

我们班里有十个孩子，年龄各异，最大的男孩已经十三岁了，已经冒出了毛茸茸的胡须。虽然年龄不同，但有一点我们是一样的——都是聋人，没有人会欺负我，嫌弃我。再也不会有人因为我不会说话，而把我的鞋子扔到很远的地方。在这里，每个孩子都一样，这让我感到前所未有的开心和放松。

上学，让我获得自信

我的班主任兼语文老师叫皮云秀，皮老师对我人生观、价值观和世界观的形成起到了重要的作用。皮老师的手语特别好，特别爱孩子。她自己有两个孩子，把我们这些聋孩子也视同己出。

学校条件简陋，冬天教室里没有暖气，她就一大早进教室把炉子生好；学生的裤子破了，她就把儿子的裤子送给学生。在我眼里，皮老师是我的另一个妈妈。

上学，给我带来了全新的感受，因为上学，我也获得了前所未有的自信。

皮老师发现我喜欢读书，就把她给儿子订的杂志带给我看，《少年文艺》啊，《儿童文学》啊，每月都有一期。好些生词我不认识，就在小本子上记下来，让皮老师教给我读。如果皮老师不在身边，我就翻字典，慢慢试着自学。

皮老师偏爱我，对我的要求也特别严格。甚至有的时候，我觉得皮老师好像童话里的"女巫"，她会让我做一些让我感到特别困难的事。

比如，造句练习，一个新词别的孩子只需要造两句，皮老师却要求我造十句。这对我来说，比登天还难。我咬着牙，绞尽脑汁。一开始，我投机取巧，只是把主语换了，勉强造了十

邰丽华

个句子。我忐忑地把作业交给皮老师，结果可想而知，皮老师严肃地把我的作业驳回。"重写！"皮老师说。当时我怨皮老师要求高，但今天，我特别感谢她。

正是因为皮老师的高要求，我的词汇量渐渐增加，也慢慢培养了比较好的书面表达能力。聋人的书面表达经常会出现主谓宾颠倒的问题。因为聋人打手语，习惯先表达看到的东西，比如，"我吃饭"这句话，手语是表达眼睛首先看到的"饭"，然后再说"吃"和"我"，到了书面表达，就容易误写成"饭吃我"，这是聋人常有的词序颠倒的问题。我写文章起初也常有这个毛病，在皮老师的帮助下，改进了不少。

律动课，改变命运

而真正改变我命运的，是三年级时，被挑选去参加了"律动课"舞蹈兴趣小组。

还记得，我当时是班级的领操，负责律动课的刘康宁老师注意到我做操的时候身体协调性比较好，她当场在操场上教了我两三个舞蹈动作，我马上准确地模仿照做了。就这样，我被选入了律动课兴趣小组。正是这个机会，改变了我的命运。

刘老师带我去律动教室了。

在我们这个小学校，律动教室充满了神秘感。我一走进去，就惊呆了。那里居然有红漆木地板，有落地练功镜，还有一架棕色的立式钢琴，钢琴旁边横卧着一只红色的象脚鼓。眼前的一切，让我产生一种难以言喻的兴奋和亲近感。

我想起了冯爷爷的画室。

在我家的马路对面，住着一位画家冯爷爷。爸爸跟着冯爷爷学画，我也经常去冯爷爷家玩。不过，我害怕看到冯爷爷的老伴儿，她干瘦干瘦的，深眼窝，高鼻梁，脸上永远是特别严肃的表情。我怕她，就不看她，老奶奶一开门，我就刺溜一下从她胳肢窝下面钻进去了。冯爷爷家是一栋二层小楼,里面有架木楼梯。我喜欢冯爷爷家里的一切,他们喝水的杯子是琉璃做的,灯罩也是琉璃做的,房间的空气里弥漫着油画颜料的味道……我喜欢这一切,从心底里感到亲近。冯爷爷特别喜欢我,他画画,我就在旁边安静地看着,我乖乖地,不干扰冯爷爷的创作。那时候的我还不知道,自己为什么那么喜欢冯爷爷家里的气息,也不知道这种气息叫作——艺术气息。

当刘康宁老师领着我来到律动教室,弥漫上心头的就是这种本能的喜欢和亲近。红漆木地板,喜欢;古色古香的钢琴,喜欢;刘老师坐在琴凳上,手指像流水一样滑过琴键,喜欢;刘老师一边弹琴,一边用脚踩动象脚鼓的样子,喜欢……说不出的喜欢,来自我的内心深处,血脉深处,仿佛我就是为这样的氛围而生的。那时候,我无法解释这一切,后来我才知道,对艺术的热爱,对舞蹈的热爱,或许早早就在我的心底发了芽。

我永远忘不了那一幕——

那一刻,刘老师双手按响了琴键,她的脚同时踩动特殊的装置,那装置的一头连接鼓槌,鼓槌击打地板上的象脚鼓,鼓的震动传递到地板上,又通过木地板传递到我的脚心,进而传遍我的全身——我居然用我的身体,用我的心"听"见了音乐,一种从未有过的幸福感化成强大的电流,撞击着我小小的心。

我情不自禁地趴到地上,用全身感受这种奇妙的震颤,我想,那一定是大自然最美的音乐!

刘老师简直就是一位神奇的魔术师,她把枯燥的敲鼓声演化出了丰富的层次感,她几乎把鼓的每一面都用上了,随着钢琴旋律的变化,通过联动装置,她让鼓产生了千变万化的震颤,带给我们不同的奇妙感受。刘老师,她让单调的鼓声有了表情,有了颜色!

我一直记得刘老师当年的样子,三十来岁,

胖胖的，爱笑。她和我妈妈是同学，还曾经当过我姐姐幼儿园的舞蹈老师。她的穿着总是很时髦，她跳起舞来总是那么美。

刘老师有一套自己的教学方式，她首先要调动我们对舞蹈的兴趣和积极性。进教室前，她会说，你们在门口等着。然后，她在教室里弹琴、踩鼓。当乐声响起，我们在外面感受到震颤，便随着音乐的旋律，踩着节奏，做着老师教的动作，一个个排队绕着教室跳一圈，回到自己的座位上，然后才开始正式上课。

印象里，刘老师从来没有把我当作聋孩子。她弹奏钢琴、踩响象脚鼓的时候，会问我"好听吗？"而不是问"你听到了吗？"，她想让我们知道，我们和所有正常的孩子是一样的。当美妙的旋律响起时，我们这些聋孩子和所有的正常孩子是一样的——这样的认识，对于孩提时代的我们，是何其善意的鼓励和尊重啊！

刘老师先教给我们基础动作，再教一首歌的

邰丽华

旋律和舞蹈，然后将两者结合在一起。只要一进教室，我就能"听"到音乐，在外面却听不到。这真的很神奇。

律动课改变了我的学习生活，我在那里初识音乐之美，在刘老师手把手的教授下，打下了舞蹈基础。刘老师用她独有的方式，把完整的音乐打碎了，让我们一点儿一点儿感受旋律的轻重缓急，音符的强弱快慢，她重新编织了旋律，赋予了我们这些听不见的孩子另一种对音乐的理解方式。

虽然我的嘴巴无法唱歌，但我会用心唱歌；虽然我的耳朵听不见旋律，但我能感受自己的心被无声的旋律触发、激荡。

我在长大后才意识到，在教育过程中，孩子不被差别对待，获得足够的平等和尊重，科学的人性化的理念是多么重要。我的幸运在于，在学校里遇到了皮老师、刘老师等这样一些爱孩子、尊重孩子的好老师。

一双白舞鞋

我就好像变了个人!

是的,上学,和那么多同我一样的孩子在一起,有了皮老师、刘老师这些好老师,还因为有了律动课,接触了语言,学会了手语,甚至英语,我不仅可以通过手语表达内心,甚至渐渐学会用稚拙的舞蹈去展现自我……可以这样说,阅读给了我静态的滋养,律动课活跃了我整个身心。渐渐地,我的世界不再是灰色的了,它变成了五颜六色,有了层次,有了光芒。

说起颜色,我一直相信,很多东西不是用眼睛看见的,而是用心看见的。虽然听不见,却不妨碍我用眼睛去看,用心去感受。每到放寒暑假,我特别喜欢去爸爸的单位,他有一间小小的专门用来冲洗照片的暗房,那里黑乎乎的:虽然我很怕黑,暗房却给了我一种安全感,待在那里,仿佛置身于自己的世界。暗房里面摆放着冲洗照片的工具，我喜欢闻显影水的气味，喜欢看爸爸把洗好的照片晾起来。爸爸去另一个房间工作了，留我一人在里面，我就在昏暗的红色灯光下，慢慢欣赏每一张照片，看着照片里的颜色慢慢出现，觉得奇妙极了。这大概就是最初的"用心看见"的印象。

爸爸和妈妈都是我生命中最重要的人。妈妈照顾我的生活，爸爸更多是给予我精神上的鼓励。

我小学的时候数学不是很好，爸爸为了让我把小九九背熟，每天利用送我上学的时间，陪我练口诀。我坐在自行车前杠上，回头看着爸爸的口型，他问，我答。即便下雨，也没停止过。雨天里，我躲在爸爸的雨衣下面，爸爸左手捏着车把，右手冲我比画，比如，6×6，他会露出大拇指和小拇指，我就大声回答36。如果答对了，他就会对我竖起大拇指。

有一次，刘老师带我们参加健全孩子的文艺

比赛，一起表演的还有盲童等残疾小孩，我们表演的就是舞蹈。在那次演出中，我们获得了最热烈的掌声，而我也因此获得了最初的自信。从那时起，我才相信，自己和正常孩子没什么不同，我们一样可以有很好的未来。

记得那次比赛，我看到健全的孩子都穿着白色的舞鞋，而我们穿的是白色老式回力鞋，我也想要一双真正的白舞鞋。和爸爸妈妈聊天时，我情不自禁地表达了自己的愿望。从小，我每天都会和父母交流白天发生的事，我喜欢表达，爸爸不太说话，但他内心细腻，把我不经意说的话听进去了。在我十岁生日时，爸爸居然送了我一双皮质的白舞鞋！这双白舞鞋的价格是五元钱，爸爸一个月收入还不到四十元。用收入的八分之一还多给我买舞鞋，是一件非常奢侈的事情。我穿着白舞鞋，在床上又蹦又跳，舍不得下地，生怕把它弄脏了。

我还记得，妈妈工作的糖果厂里生产饼干，

妈妈下班回来我都能嗅到她身上的饼干香。很小的时候，我缠着妈妈让她带厂里生产的饼干和糖果回家，妈妈说："不能带，厂里有厂里的规矩。"妈妈从来没有从厂里带回过一块饼干给我，但她会舍得在外面的食品店里给我买饼干和糖果。

这便是爸爸和妈妈给我的教育。

第一次离家

一九九一年，我即将从宜昌市盲聋哑学校毕业，面临前途的选择。

当时，残疾人事业刚刚起步，为了解决残疾人就业问题，各地都成立了福利工厂，根据市场需要，生产和组装电子产品，也有一些纯做手工的企业。那时，我们在学校里就学习了缝纫、软陶等一些手工技能课程，为我们将来就业做准备。

我很幸运，还没毕业，爸爸就为我安排了很好的工作——不是去福利工厂，而是爸爸单位的顶替名额。爸爸所在的葛洲坝船闸管理局在当时是宜昌最好的单位之一，爸爸妈妈都认为这是对女儿最好的安排。可是，我不想去，因为我想读大学。我对爸爸妈妈说："亲戚家的孩子都去上大学了，我也要上大学。"我从没想过自己和别的孩子不一样，别的孩子能上大学，我也要上大学。

爸爸为我的工作筹划了很多年，我选择放弃，爸爸很失望。他反复问我，真的不去啊？真的不去啊？我很坚定，说不去，我要上大学。很久以后我才知道，爸爸找了单位的领导，好不容易才为我争取到这个名额，得到这个名额，第一个想到的是给我，而不是给姐姐。其实，为了我，姐姐做出了很多牺牲，如果当时这个名额给了姐姐，她的人生可能会不一样。但在当时，看我这么坚定，最后爸爸妈妈还是尊重了我的意见。

一定要说说我的姐姐。从小，我和姐姐在一

起的时间很少。为了我,姐姐的幼儿园和中小学都是寄宿。我上小学时,姐姐读初中,她学习很忙,周末回家也都是把自己关在屋子里写作业。虽然和姐姐交流不多,但我能深切地感受到她对我的爱。还记得我上一年级的时候,每个小朋友都需要准备一个卫生包,里面放上白色的搪瓷杯和手绢,可是我没有。姐姐偷偷省下了车钱,周六回家的时候,带我去百货商场给我买了一个白色搪瓷杯。

从宜昌市盲聋哑学校毕业,我如愿考上了武汉市第一聋哑学校职业高中。当时我只有十四岁,从没有离开过家。在这之前,妈妈已经很注重培养我的生活能力,我会自己洗衣服、会整理东西,也会缝衣服、拖地、打扫,该会的事情我都会做。爸爸妈妈一起送我去武汉。当时从宜昌去武汉,要坐十八个小时的火车,花上一个晚上加一个白天。在火车上,我的心情很复杂,既对新生活充满想象,又舍不得爸爸妈妈,也对未来很迷茫。第二天将近中午的时候到了武汉,天气特别炎热,爸爸妈妈帮我铺床,把一切安排停当后,他们借口说去买东西,很快回来,结果,他们没有和我告别就回家了。他们悄悄地走,是不想让我看到他们的不舍和难过,也不想看到我的不舍和难过。到晚上,爸爸妈妈还没回来,睡在我上铺的同学告诉我,爸爸妈妈在枕头下面放了张纸条。我掀开枕头,看到了那张纸条。看着看着,我哭了。

纸条上写着:

爸爸妈妈已经走了,后面是你自己的路,要好好走。

那是我第一次离家,直到今天,当时的很多细节我都不愿意多说,说了,就会忍不住流泪。爸爸妈妈的爱啊……我还记得,妈妈怕我上厕所不方便,拿了个盆,放在我的床底下……都是微小的细节，但我永远都忘不了。

到了新学校，一切从零开始。在这里的生活习惯和老家不同，加上我第一次住校，第一次离开父母，离开了皮老师、刘老师，心理压力特别大，在我十几岁的人生里，那是最艰难的一个阶段。幸好，那时我的年龄小，接受能力强，适应能力也强，学习成绩也不错。教数学的袁老师到现在还保留着我的数学作业本，他很喜欢批改我的作业，经常跟他的学生说，我的作业本永远是干净的，错题也很少。就这样，到武汉上学的第一年，我就做了班长，重新找回了自信。

但那时候的我，对未来充满了迷茫，虽然会跳舞，但还没有想过将来把舞蹈作为努力的方向。学校有舞蹈队，他们知道我会跳舞，就把我吸收了进去。在舞蹈队里，我算不上底子很好的孩子。虽然以前在宜昌学习了舞蹈，也练过功，但我没有很多舞蹈演员具有的童子功，韧带硬，压腿、踢腿、柔韧度都不行。不过我比较能

邰丽华

吃苦，肯花力气练，而且，也比较有自信。有一次，中国残疾人联合会到武汉挑选演员，我人来疯，表演的时候很自信。我记着老师鼓励我的话，基本功不好没关系，把表情拿出来，把情绪释放出来，同样可以打动观众，结果我就被选中了。

实现舞蹈梦

从参加高中的舞蹈队开始，我就经常去外面参加比赛了，先是加入了湖北省残疾人联合会艺术团，后来又加入了中国残疾人艺术团，开始去世界各地演出。

还记得，刚进中国残疾人艺术团时，团里总共十二个女孩，我是最小的，也是舞蹈基础最差的。他们大部分来自广东、云南、新疆，舞蹈感觉非常好，而我，唯一提高自己的方法就是苦练。我开始把大门口的玻璃门当作练功镜，每天和它做伴。大冬天，光线很暗，我每天四五点就起床，苦练基本功，玻璃里映出我形单影只的影像。别的队员放松休息的时候，我也在练。一个月以后，我从舞蹈基本功最差的队员，成为领舞。分管艺术团的领导还奖励我一个大大的桃子，我头一次看到这么大的桃子，他们说北京的桃子可甜了。

高中毕业时，我们本可以顺理成章地进入长春大学特教学院，但我又一次选择了放弃，和其他应届考生一起参加高考。在湖北省残疾人联合会的帮助下，我考入了湖北美术学院的装潢设计专业。大学毕业后，我回到母校武汉市第一聋哑学校当了一名美术和舞蹈老师。也就在一年后，我被调到湖北省残联艺术团，成为一名管理者兼舞蹈演员。我还记得最后一次参加比赛，当时已经参加工作了，我代表残联参加全国残疾人文艺汇演，我跳了一支独舞《雨林》，分数最高，获得了金奖。二〇〇三年，我被正式调入中国残疾人艺术团，真正开始了一名专业舞蹈演员的生涯。

对了，我是直到一九九三年才拥有了第一台真正意义上的助听器。之前，即便成了一名舞蹈演员，我依然是靠残余的听力来感受音乐。我喜欢"听"音乐，我"听"音乐的方式是靠近音响，感受震动，一遍又一遍反复听。我喜欢古典音乐、轻音乐、爵士乐，尤其是鼓点节奏强的非洲音乐。高中毕业前一年，当时有个同学有台助听器，我借来试了试，惊讶地发现，用上它，我听到了很多之前没有听过的声音：老师上课的声音、音乐的旋律、男人的声音、女人的声音……一台助听器要好几千，对我来说是个天文数字，我没有奢望过要买助听器，只是在写家信时告诉了爸爸妈妈我的感受。我没有想到，爸爸妈妈和亲戚们凑了三千元，为我专门买了一台助听器。拿到助听器的时候，我又意外又感动，那年我十七岁。

有意思的是，虽然是个聋人，但回想起自己

小时候，我从来没有因为听不见而自卑过，随着长大，心态反而越来越好，越来越自信，学期结束时老师写给我的评语往往是：不能骄傲自满。

我的爸爸妈妈也都没有设想过我能成为一名舞蹈演员，我的发展超出了他们的预料。但我还是特别感激自己的爸爸妈妈，他们给了我足够的爱、宽容和理解，也感谢姐姐，为了我，她默默地做出了很多牺牲。我在成长奋斗的过程中，其实并没有感受到艰难，只是回过头去看，才意识到自己的不容易。

我听不见音乐，但早已把音乐放在了心里。我的心里时时刻刻都有音乐，有乐谱，因为我有属于自己的感受，它们随时都可以通过我的舞蹈传达出来。真正赋予我音乐的感觉的，是成长路上家庭、学校给予的关爱，为我树立了信心——那是我心里的阳光。

我想，二〇〇五年跳《千手观音》，那么多人被震撼和感动，并不是因为我们跳得有多好，而是舞蹈传达的爱感动了大家。爱是我们共同的语言，只要心中有爱，只要心地善良，就会伸出一千只手去帮助别人，也会有一千只手来帮助你。

千手，是爱之手，也是慈悲之手。

从未忘记感恩

我的爸爸妈妈平时最爱说的话就是：要感恩一切。我小时候并未理解父母的深层用意，但这句话对我的影响很大，心里一直默记着它。后来我读到《先生》这本书，张伯苓先生谈到做人之道应该是"以德育为万事之本"，我突然理解了父母为什么在我小的时候教我学会感恩一切——很简单，我的父母提早想到了这一点。从我跨入小学校门的那一刻起，后面漫长的路需要大家来帮助我，唯有我的感恩才能回报大家的理解和关爱。因此，他们不仅是生我养我的母亲和父亲，更是我人生最初的老师。

我的妈妈是孤儿，从小吃过很多苦，她心地很善良，经常为别人着想。每次我跟妈妈出门，她总会准备几分钱，只要看到乞丐，就会往他们的破碗里给上一些。上小学前，我经常跟着妈妈到处溜达。有一次，我看到前面有个肢残人，他的左右腿不太一样，走路的样子很奇怪。我就在妈妈面前模仿人家，妈妈马上制止了我，告诉我，这样模仿别人是不尊重人的行为。后来，我上了小学，才体会到什么是"尊重"和"被尊重"，因为我也有不愉快的体验。当我和伙伴们在路上用手语比画时，会有人过来围观。我还记得，我到武汉读书、工作以后，每次回老家，妈妈都要提醒我有空去看看老师。我想，我的妈妈是用她朴素正直和勤劳善良的品质影响了我的成长，这是一笔无形的财富。

我还常说这样一段话：所有人的人生，都有圆有缺，有满有空，这是你不能选择的，但你可以选择看人生的角度，多看人生的圆满，然后带着一颗快乐感恩的心去面对人生的不圆满。我用"圆"和"缺"、"满"和"空"来比喻我们每个人的人生，之所以产生这样的想法，是那年参观古希腊遗址时有感而发。

二〇〇三年，我随团到希腊演出，抽空参观标志性的建筑雅典卫城。这座建筑当年的辉煌虽已不复存在，但破旧的建筑依然很美——眼前的破败竟呈现出一种惊心动魄的美感，这让我颇为感慨，我很庆幸能一睹大理石的永恒之美。我抱着破旧的石柱让同伴帮忙拍照，她们笑我怎么不挑好看点的建筑，偏偏要找破柱子合影？我不管别人怎么想，还是坚持拍下了——照片里的柱子和我都是美的。

你能拥有怎样的人生，在于你看人生的角度。怀着一颗感恩的心，即便在艰难中，也能看到希望和美好；也唯有如此，才有可能真正地拥抱生活，迎接未来。

说到感恩，我除了感谢父母及老师，最重要

的是感谢我心中的"灯塔"——刘小成先生。

记得第一次到北京演出时,我只有十四五岁,而且是外地来的,家人担心我会被人欺负和挤对。那时候的我没什么小心思,只想努力练功,弥补舞蹈基本功的不足。后来,好像有一两年的时间,一直没有去北京演出的机会,心情难免有些低落,以为自己这辈子可能跟舞蹈无缘了。但是,转机来了,我又收到了去北京演出的通知,当时我的心情真是激动。后来才知道,是一位叫刘小成的先生给了我机会,是他重新点燃了我的舞蹈梦。刘小成先生曾经是中国残疾人联合会的副主席、理事长,他退休后还主动要求参与中国残疾人艺术团的工作。毫不夸张地说,没有他,就没有中国残疾人艺术团的今天,更没有今天的我——在练舞的道路上,他一直在我身后默默地帮助我。从他身上,我知道了什么是奉献,什么是热爱。包括艺术团很多在职和离职的工作人员和演员,也在他身体力行的影响下,开始思考艺术和人生，他们的人生观和价值观也因他的影响渐趋成熟。

二〇一七年十二月七日，刘小成先生永远地离开了我们。但是，刘小成先生永远是我生命中最重要的先生！正如《先生》这本书中所写的，"先生"不仅仅指老师，也不仅仅是指为人师表，"先生"代表的更是一种修养与正气。这是我从刘小成先生身上学到的。

爸爸、妈妈和姐姐

时间：二〇一九年九月十四日
地点：邰丽华父母家中（湖北宜昌）

邰丽华小时候居住的老房子早已不复存在，铁轨、院子、学游泳的野河浜，只留存于记忆和想象中。如今，邰丽华父母的家紧邻宜昌沿江大道，出门不远，便能望见浩浩汤汤日夜奔腾的长江；往北不出七公里，便是闻名天下的葛洲坝。宜昌是一座依山傍江、历史悠久的小城，邰丽华在这里出生，成长，直到十四岁孤身去武汉求学。

邰丽华的爸爸邰祖杰，身材高大，七十四岁了，依然精神奕奕，显得比实际年龄年轻许多，在邰丽华心目中，爸爸是她的精神导师；妈妈杜幼珍操着浓重的宜昌口音，胖胖的，和善又慈祥，她是邰丽华成长的生活护佑；姐姐邰莉娟，和邰丽华长相酷似，从小也有过人的舞蹈天赋，如今是宜昌市第一实验小学的高级语文教师，邰丽华对姐姐怀有隐隐的愧疚，为了她，姐姐一直在默默地牺牲。

我从邰丽华的爸爸、妈妈和姐姐的叙述中，拼凑起家人眼中的女孩邰丽华。那个纤弱的听不见的女孩，美丽，善良，懂事，自尊，要强，聪慧，坚韧，有主见，更有梦想和追求。

这是洋溢着温馨和爱的一家人。当我与他们告别，走到江堤上，已是星辰寥落时分，但我的心里仍旧存着和暖的情绪。就这么一路沿着长江走，看见那些舞蹈的人，散步的人，夜钓的人，发呆的人……那些乱石滩，那在夜幕里荧荧闪着的光……它们都在告诉我,这就是平常琐碎又珍贵的生活,就像我听到的邰丽华的成长故事——我们走的每一步都会留下痕迹,所有的人生都有来处,所有的个体都有注定的归途。能够在这样充满爱的家庭中长大,邰丽华日后的成功显得顺理成章,在家人共同的努力下,"不幸"奇迹般地转化成了令人艳羡的"幸运"。

爸爸

为了治耳朵,她吃尽了苦

华华(邰丽华小名)小时候为了治疗耳朵遭了不少罪哟。

我带着她四处求医,能想到的办法都用了。有一种针剂,叫作三磷酸腺苷针剂,能起到营养神经的作用。当时这个药在宜昌没有,我就设法从武汉买来，去宜昌的医院打。这种针剂需要打在耳朵后面，一天要打两针，非常疼，那时华华才三岁多一点儿，她知道是为了给她治病，硬是忍住了痛。就这样，打了两个礼拜，没什么效果，孩子却瘦得很厉害。我想想，不行，不能让孩子受苦了。

我单位里的书记给我推荐了一个老中医，是个盲人。我打听到老中医的住址，就带着华华去了。华华看到老中医，凭着原来的声音记忆，还喊了一声"爷爷"。老中医不说话，给孩子搭脉，搭完了就说："这孩子一定是因为什么药，把她的耳朵搞聋了。"他的老伴在旁边说："这个小孩这么乖巧好看，你想点办法哟。"老中医半天不作声，最后，用宜昌土话说："我拿不下来。"意思是，他看不好。

我带华华四处求医，得到的都是这个结论。可是，这句话由这位我心存指望的老中医说出来，那一刻，我真的是绝望了。也许是为了安慰我们，老中医后来开了一服药。之后，我每星期骑一个多小时自行车去老中医那里拿药，这药特别的苦，但华华还是乖乖地吃了半年。华华小时候特别乖，特别懂事，很招人疼。可是半年下来，效果还是不明显，我们就不让她吃了。

再后来，又有一个同事说，他爷爷是个老中医，说可以看好。我们找人开车去武汉，在乡下，找到了他八十多岁的爷爷。老人家说，这病，年轻时敢治，现在年纪大了，扎针灸，怕有偏差。他要扎的是哑门穴，这个穴位很小，只有半粒米大，不小心就会扎偏。扎轻了，没有作用；扎偏了，就可能瘫痪。听他这么说，我就不敢请他给孩子扎了。

……

我们尝试了所有的方法，到最后，完全失望了，也就把康复的想法放弃了。

然后，我们就摸索着给她训练语言能力，当时她还有残余听力，我和她妈妈想试着教她说话。我给她画了识字卡片，教她一个一个认字。比如苹果，画一个苹果，上面写"苹果"两个字。她那时可以发音。这么多年来，我们都不会手语，她都通过唇语和我们交流，基本没有障碍，只有特别拗口的字，她说不出来。其实，华华的声音是渐变的，不是突然变化的。听不见声音的时间长了，声带才慢慢退化了。

异乎寻常地懂事

华华五岁那年，我带她去北戴河疗养，又专程去天津配助听器。那时候的助听器很简易，就像个火柴盒，牵根线出来。一个助听器四十三元，我当时一个月工资三十七元。但配了回来，效果并不好。

后来，我去北京出差时，又听说有一种语言训练器，插电的，其实就相当于一个扩音器。当时直接从厂家买要一百五十多元钱，对于我的收入来说是天价，但我还是抱着希望买回来了。

每到晚上，我和她妈妈就一起用这个机器训练华华说话。晚上很安静，这个语言训练器把所有的声音都放大了，用了几次以后，孩子就喊头疼，还哭。我们知道，这东西也不管用。

华华这个孩子从小特别有善心。有一次带她去北戴河，同行的还有我们单位的工会主席、财务科长。我们是为了打前站，组织单位里的干部去那里疗养。去了以后，当晚我喝了点酒，饭后就回寝室睡觉了。华华好动，就在各个寝室跑来跑去。跑到财务科长的寝室，看见财务科长喝醉了，正在那里呕吐，她就跑去盥洗室拿了个盆子帮他接呕吐物，又去拿了条毛巾，给他擦脸。处理完了这一切，她才跑回来跟我讲，一边做动作，一边咿咿呀呀。当时，财务科长惊讶极了，感动极了，说这孩子这么小怎么那么懂事。之后几天，到哪里，财务科长都一直抱着华华，说这孩子太讨人喜欢了。

去对了聋校

到了上学年龄,当时面临两个选择,一个是去普通小学,一个是去聋哑学校。仔细考虑后,我选择了后者,因为对小孩子的成长来说,自信心最重要,在和她一样的孩子中间成长,对她是有好处的。从她后来的成长来看,我们的选择是正确的。

上学以后,她一直很积极很阳光。她喜欢跳舞,我们也很支持她。有一回,我去武汉出差,有天晚上几个同事一起逛街,就在汉正街那边,看到一个体育用品商店。我想起,过些日子就是华华的十岁生日,该给她买什么呢?正好看到柜台里有双小舞鞋,白色的,皮制的,要五块多,我的工资才三十多块,不过最后我还是给她买回来了。说实在的,那个时候,我们并没有远见支持她跳舞,只是为了让孩子高兴,我从没想过让她在舞蹈方面发展。她听不见音乐,怎么可能在

爸爸、妈妈和姐姐

舞蹈方面发展呢?

她顺利地度过了小学和初中阶段,放弃了去我单位顶替的机会,想去武汉念高中,这一切,我和她妈妈都支持她。

她总是装作很开心

我还记得第一次送她去学校的情形。当时的武汉非常热,我们住不起旅馆,就住在学校的教室里。好心的生活老师给了我们一床席子,把课桌拼在一起,就可以凑合一夜。

临走时,华华把我们送到校门口,还笑嘻嘻的,我知道她是装作很开心。我们走了后,她就回寝室了。过了一段时间,我们又去学校看她,同寝室的同学告诉我:"叔叔,你们走了后,邰丽华在寝室里痛哭了一场。"

华华后来上了湖北美术学院,还参加湖北省残联艺术团的演出和集训,后来参加全国调演时，又被中国残联的艺术团看中了，经常出国演出。她上大学那四年，我很担心她学习跟不上，本身听力不行，接受能力比较差，加上经常在外演出，落了不少课。那时候，她经常给我和她妈妈写信，告诉我们，班上同学会帮她抄笔记，她回学校后，再把笔记抄一遍，自学。我一学期去武汉出差几趟，事先不联系也一样能找到她，她不是在教室就是在画室，不是在画室就是在寝室，基本不去校外玩。

其实，我们知道，她吃了不少苦。但在我们面前，她都表现得很乐观，遇到天大的困难都不和我们讲。她在湖北美院刚开始上学的时候，学习和生活都很艰难，我们给她的生活费又少，但她从没有开口问我们要钱。她住的宿舍在九楼，楼上没有开水，得从一楼走楼梯提水到九楼才能洗澡。这样的条件，一般人都受不了，她也没叫过一声苦。四年后，她顺利从湖北美院毕业了，是靠着毅力，一步步走过来的。

不过，华华最后也没走我给她设计的美术道路。我一直以为，她无法听音乐，跳舞跳不出什么名堂，又是一件苦差事，只能跳着玩玩。没想到，华华最终做成了我们都认为是天方夜谭的事。

妈妈

华华五岁以前，我们对她还有信心，觉得耳朵能治好。但五岁以后，在所有的办法都用过以后，我们才放弃了。我们就试着自己给她做语言训练。我从小是孤儿，没有很高的文化，普通话也不好，就用宜昌话教她念童谣。别人念一遍就能学会的童谣，我要反反复复说上十遍，她才能学会。

我当时在糖果厂工作，一个月的工资二十九元。华华从小身体一直不好，经常生病发烧，我动不动就请假，请假就得扣工资，记得有一个月，我只拿了一分钱。后来，我调到电子管厂，华华的听力又出了问题，我干脆就内退了，专心在家照顾她，还把她的姐姐送到幼儿园全托。

在我印象里，华华从来没有埋怨过我们。即便在不顺利的时候，也从来没有抱怨过家里，更没有抱怨过父母的无知和过失。链霉素可能对听神经脆弱的人是完全禁用的，但我们不知道。姐姐娟娟（邰莉娟小名）十八岁那年，她爸爸钓鱼去了，我在家突然中风，幸亏抢救很及时，治好后，幸好没有瘫痪，但一个耳朵听不见了。所以我就想，可能我的家族听神经先天就不好。但之前我们一点儿不知道。

华华这孩子好像没有什么低落的时候，她给我们带来的都是阳光的感觉。从小待人也宽容，她爸爸带她看病回来的船上，给她买了个玩具，别的小朋友把玩具拿去玩了，还搞坏了，她不生气，也没责怪别人。同船旅客就说，这孩子品德好,能原谅别人。

家人、老师都给了华华很多爱。她到武汉上学第一年,国庆节放假,学校里不开伙,我和她爸爸都有事,她姑妈听说了,临时决定买张票去武汉,把她接回来。姑妈坐了一夜的车,到了她学校门口,天还没亮,只好坐在地上等天亮。后来,门卫看不下去了,就让她进了学校。姑妈找到华华的宿舍,给她洗了被子,又把她接回来在家住了五天。

姐姐也疼妹妹,华华在学校里要编舞蹈节目,就跟姐姐说,姐姐找人去编舞。姐姐小时候跳舞的天赋比妹妹更好,动作也比她好看,但最后,是妹妹把跳舞坚持到了最后。

姐姐

"姐姐是爱我的"

妹妹去武汉念高中时只有十四岁,我去车站送她。临别时,我哭得稀里哗啦。我在想,妹妹那么小,却要离开爸爸妈妈,以后只能靠她一个人了。想到这里,我就特别难过。后来,妹妹跟我说:之前觉得姐姐不是很爱我,但在分手时,看见姐姐这么伤心,便想,姐姐还是很爱我的。

妹妹小时候,因为我是寄宿制,我们姐妹俩相处的时间很少。小时候,我觉得爸妈对妹妹特别舍得花钱,花时间,爸爸带她去过那么多地方,而我除了武汉,哪里都没去过。爸爸妈妈常跟我说,妹妹听不见,要让着她。有一段时间,我还真有点烦她,还有些妒忌她。别人家里有个兄弟姐妹能正常交流，但我和她交流很困难，我怎么会有这样一个妹妹？后来长大后，这种感觉就没有了，我还特别理解爸妈。

回想起来，妹妹小时候真是一个招人疼的孩子。我的记忆里有不少美好的片段。

有一次，妹妹得了腮腺炎，爸妈怕她传染给我，不让我们俩接触，就把她关在小房间里。她就偷偷打开窗子，把自己的苹果递出来给我吃。

印象里，妹妹比别的女孩更爱美，喜欢对着镜子做出各种表情和动作，还喜欢对着镜子自己戴耳环、扎头发和化妆。

妹妹一直很优秀，除了学习好，跳舞也有天赋。在学校里，妹妹最喜欢上的就是律动课。我小时候也爱跳舞，记得她第一次参加跳舞比赛，是我带她去找我的同学学的。同学当场把舞蹈动作教给她，回来后，再根据音乐去掐点。妹妹特别有灵性的，很容易就能合上节奏。

自信心最重要

从宜昌聋校毕业时,武汉市第一聋校和第二聋校都争着要她。那时候,妹妹已经在省里参加残联演出,拿过奖,小有名气了。但爸爸为她设计的路是学美术,搞广告和装潢设计。当时广告比较时兴,爸爸觉得对于妹妹来说是一个好前途,可妹妹还是钟爱跳舞。只是妹妹学跳舞比较晚,刘康宁老师发现了她的舞蹈天赋后,才慢慢培养她,错过了练基本功的最佳年龄。爸爸给我看过一张照片,是妹妹去武汉后练功的情形,她独自一人待在练功房,趴在地板上,瘦瘦的,看上去好可怜。

回想起来,爸爸让妹妹去聋哑学校上学的选择是正确的。爸爸起初想让她上普通学校,纠结了很长时间,才选择了聋哑学校。普通学校学习跟不上,还容易受欺负,自尊心会受影响。妹妹以前在幼儿园就常受欺负,但她回来只跟我说,不跟爸妈说。

我现在当老师，很清楚自信心对孩子成长的意义。我曾经有个学生，生下来两耳都无听力，装了电子耳蜗，一边耳朵才有了点听力。我告诉妹妹有这样一个学生，妹妹就很关心他，每次回来都要问他的情况，还让我嘱咐他的爸爸妈妈要有心理准备，在低年级是没问题的，越往高年级，暴露出来的问题就越多。高年级对孩子要求高，更容易暴露出弱点。果然，那孩子到了五六年级就应验了妹妹的话，他在低年级的时候成绩挺好，到高年级就跟不上了。妹妹后来总结说，那个时候爸妈把她送到聋哑学校很明智。孩子只有认可了自己，获得了自信，才能更健康地成长。

爸爸是个多才多艺的人，会画画，还会做木工，全都是无师自通。妹妹的艺术天赋遗传了爸爸的。她从武汉市第一聋校毕业后，放弃了去长春深造的机会，考上了湖北美院，和正常学生一起学习。那时候,她有三分之一多的时间都是在国外演出,但从来没有落下过功课。她和那些正常健康的同学相处得很好,她不在,她们就给她抄笔记;她在的时候,还会帮同学洗衣服,大家都很喜欢她。

聋人跟人交流都会有些障碍,他们一般很难体会细微的情感。妹妹和一般聋人不同,她和正常人几乎完全一样。妹妹刚到武汉的时候,给我写信,语序有些问题,有时不明白她想表达什么,我就提醒她,注意一下表达方式。后来,她有意识地多看书,多学习,注意修正,表达上的问题就没有了。

妹妹就是这样一个人,知道自己的短板,更知道如何去修正。

妹妹吃过的苦

妹妹一直在一个健康的家庭和学校环境里成

长，爸爸妈妈都是很好的人，给了我们正确的三观；妹妹在学校里又遇到了皮老师、刘老师等一些好老师，在那群孩子里，她显得很突出。我和妹妹的幸运还在于，在我们的成长过程中，父爱没有缺席，甚至我们姐妹俩都和爸爸的精神交流更多，爸爸是我们的主心骨，很多事情都是爸爸拿主意。哪怕遇到再大的事情，他都尽量让自己平静，想办法去解决它。

在这样的环境中，妹妹成长为一个心态特别健康的人。虽然她听不见，但在很多方面她都比我强，值得我学习。她善良，乐观，坚强，对生活很有热情，很有目标。她常跟我说，发生什么事情，都不要抱怨，要面对，想办法去解决。有一回，她和妈妈一起坐火车，好像是车票出了问题，上不了车，把妈妈急哭了。她却很沉着，说，哭有什么用？要想办法面对和解决。最后，还是她去找了列车员，把问题解决了。现在，妹妹还经常对我的大女儿说，孩子小的时候应该吃点苦，对生活有目标，朝着目标去奋斗。

妹妹是一路努力过来的，家里没有给她创造什么条件。人们只看到她外表光鲜，她经历的痛和付出的努力只有自己清楚。她比较善解人意，不想增加父母心理负担，更多地把光鲜给父母看，自己受的苦却不太爱说。

还是在武汉上学的时候，有一次爸爸去看她，她说想吃猪脚，爸爸就带她去外面的一个小饭店，点的那份猪脚都没弄干净，上面都是猪毛，她却吃得津津有味。爸爸说他看得心酸。我工作后，去武汉出差，那时候妹妹在湖北省残联工作，住处的条件真的很差，做饭用的火油炉放在厕所里，但妹妹从不抱怨。

我们在羡慕她时，她也有内心的想法，只是没有表露出来。她私下里跟我说，虽然得到过那么多荣誉，但她更想做一个正常人，过正常人的平淡生活。她吃了多少苦，只有她心里知道。现在我的大女儿在北京，她就常跟大女儿说，年轻人该吃苦的年纪就得吃苦,她就是这么吃苦过来的。

是的,妹妹再苦都能忍,在她眼里没有克服不了的困难。很多时候她都会对我说,遇到事就去解决,不必愁眉苦脸的!和妹妹相比,我反而显得娇气,我始终在父母庇护下。妹妹呢?她十四岁就离开了家,很多事都得靠她自己去解决。

印象里,妹妹想学什么都能下功夫学,特别有毅力。她是残疾人里第一批拿驾照的,后来还在全国人民代表大会上呼吁让残疾人拿驾照。她常说,别人能办成的事,她也一定能办成。

她就是这么个脾气。

老师们

刘康宁老师

时间：二〇一九年九月十五日上午

地点：刘康宁老师寓所（宜昌）

某种意义上，是刘康宁老师的出现改变了邰丽华的人生。如果没有当年的律动课，邰丽华可能就不会与舞蹈结缘；没有刘康宁老师这位伯乐，邰丽华可能就不会在今天的舞台上大放异彩。刘康宁老师并不是科班出身，她教舞蹈和韵律，自身并不拥有纤细修长的舞蹈家身材，但在邰丽华心目中，刘老师"很美，很有气质"。当年的刘老师，三十出头，无师自通地摸索出一套聋孩子的舞蹈训练方法。她既是舞蹈老师，是编舞者，又是化妆师、服装师，还是孩子们的生活保姆。无私的给予，源于刘老师内心宽厚的爱和未完成的梦想。

在刘老师成长的年代，她拥有艺术天赋，热爱文艺，却没有得到学习艺术的机会。但是，天赋和兴趣造就了她，她把未竟的艺术理想，寄托在邰丽华等一些孩子身上。她自己虽然没有走上真正的舞台，但她却造就了邰丽华，让这个听不见的孩子走上了最广阔最辉煌的舞台。

她是天生的舞蹈苗子

邰丽华是个幸运的孩子，她的家庭并没有因为她耳聋而嫌弃她，相反，父母对她倾注了更多的爱。

我刚到聋校来的时候，邰丽华已经上三年级了。学校里刚建了个律动教室，我成了那里第一个韵律老师。

其实，我也不是科班出身，以前的特长是钢琴和舞蹈，当过幼儿园老师，积累了一些经验，机缘巧合，才调到聋校。聋校课程编制和教材与普通学校是一样的，只是程度浅一些，我开始摸索着给孩子们上律动课。

我很爱这些聋孩子，他们的世界里没有声音，但他们很淳朴善良，很可爱。当时的学校很小，设施很简陋，律动教室却建得特别规范，把地下挖空，埋缸，铺上木地板；有钢琴，有扶把，通过手弹钢琴，脚踩鼓点，引起地板的震动，传递到聋孩子的脚心，让他们感受音乐的旋律和节奏。

钢琴旁边的鼓很普通，但它带有一个架子，架子上连带鼓槌，我用脚踩的时候，那鼓槌就会打鼓，震动地板。

聋儿听力有差异，有的是先天实聋，有的还

能听到一点儿。邰丽华是后天失聪的，不是实聋，还有残余听力。正常人听得懂她的口语，我们学校教育也是口语为主，手语为辅。在学习能力、思想品德等方面，邰丽华都是佼佼者。

其实，律动课教学对我来说也是陌生的，我爱这些孩子，也同情他们，想尽力把我知道的都教给他们。在这个过程中，邰丽华是我发现的一个最好的苗子。她的长相，天生就是个舞蹈坯子，瘦瘦的，脖子长，手长脚长，而且品学兼优。平时教舞蹈动作，学得最好最快的就是她，她的舞蹈感觉和悟性特别好。后来，她成了我的小助手，我先教会她，她再帮着我一起教别的孩子。邰丽华也比一般孩子吃得起苦，我要求韵律小组的孩子每天早上提前到校练功，她每次来得最早，走得最晚。

我觉得，是刻苦造就了今天的邰丽华。

用心听见的音乐

那时候,我首先想到的是激发孩子们对舞蹈的兴趣,对音乐的悟性。课程开始前,请他们在外面排成一队,我在里面弹钢琴,打鼓点,然后让他们做着摘苹果啊,蒙古舞啊之类的小动作组合,一个个地跳进来。

在课堂上,我教他们打节奏。用小乐器,比如碰铃、铃铛之类,用小棍子,用鼓点,用脚用手,教他们感受咚嗒嗒、咚嗒嗒的节奏。他们虽然听不见这些声音,但能凭直觉感受节奏,用肢体来表现节奏。

当然,教他们跳舞是最难的,跳成完整的舞蹈更难,先得让他们认识民族舞不同的特点,比如傣族舞是善用兰花指,蒙古舞是扳手,新疆舞擅长晃头移颈、拍掌弹指……那时候,没有视频,只要有机会,我就走出去学,哪里开班,我就报名去哪里学这些舞蹈,当然是为了教给孩子们。当时，孩子们的训练内容，主要是压腿、劈叉、下腰等基本功，每个动作都要练上上千遍，一支普通的舞蹈，要练上两三个月。最难的还是表情，做什么动作该配合怎样的表情，得依靠老师的指导和传授，再加上孩子们自己的领悟。通过鼓震动地板，地板的震动传达给孩子们的脚心，让他们明白什么是节奏，什么是律动。

登台演出

那时，我还梦想着，让这些聋孩子走向社会。我在外面学会的第一个舞蹈是《樱花舞》，教给了孩子们，又争取到机会，让我们的孩子和健全孩子去同台演出。那是一九八八年儿童节前夕，邰丽华上六年级。

参加演出的除了邰丽华，还有四个女孩，我既是编舞，又是服装师、化妆师。没有服装，我就用锦缎被面缝制傣族筒裙……聋孩子舞台表演

老师们 71

的经验也是摸索出来的，舞台上音乐照放，我躲在幕布后面用手指挥节奏，这些孩子有功能代偿，他们眼睛的余光好，能够看清我的手势，踩准节奏，保持好舞蹈的整齐度。《樱花舞》一炮打响，引起了轰动，当时在场的观众都震撼了，不相信跳舞的是聋哑孩子。那次，我们得到了"特别奖"。我记得，孩子们得到的奖品是一个新书包，外加一把雨伞。这一次走出去的表演，对邰丽华影响很大，能和健全的孩子一起演出，让普通学校的老师刮目相看，孩子们觉得，这个世界好精彩。

我还记得，每次我带她们出去演出，都会经过聋校门口的小弄堂，人们看见这些孩子打手语，就会很惊讶，原来是聋哑孩子啊，她们好漂亮！总是被称赞，孩子们就特别高兴。

我始终觉得，音乐对聋哑孩子的教育有着重要的意义，可以陶冶他们的内心，塑造他们的性情。我来到这个学校后，深深感受到孩子们对艺术的渴望。曾经，没接触聋哑孩子之前，我看见聋哑人会害怕，觉得他们脾气坏，总是躲得远远的。和他们接触后，我才深深地爱上他们。

一九八九年儿童节，我又给孩子们编排了一个傣族舞蹈《是你给我爱》。表演这个节目的有四个孩子，除了邰丽华，另三个孩子叫刘璇、杜艳丽、刘娟。之所以编排这个节目，还是想表达一种心情：残疾人需要关爱，残疾人也需要学会感恩，学会关爱他人。学校针对孩子的心理实际，提倡感恩教育，使孩子们懂得爱，学会爱的能力。

歌里唱道："是你给我爱，爱向我走来，爱是甘甜的露，爱是美的情怀，爱是友谊的珍珠，爱是青春的光彩，爱是太阳的祝福，爱是月亮的期待。是你给我爱，是你给我爱，爱从我身边走来；是你给我爱，是你给我爱，爱已为我敞开……"对于这些孩子来说，民族舞比一般舞蹈更难掌握，跳起来更有风韵，也更有难度，但她们融入了自己的感情，跳得非常投入，非常精彩。

一炮打响

就这样，邰丽华作为领舞不仅在省里演出一炮打响，后来还出了省，参加了全国的演出。宜昌举办大型晚会都会请她们去，这些孩子体会到了舞蹈带给她们的改变，尤其是邰丽华这种本身有思想的孩子，感受很深。她不仅美丽聪颖，而且坚韧刻苦，还善于团结别的孩子。

当时，宜昌电视台主持人谢厚琳找到我，她的先生是摄影师，他们想为邰丽华拍一部纪录片，叫作《同在一片蓝天下》。其中有个情节是在邰丽华家里拍的，大致内容是她小时候在普通幼儿园里受欺负，要拍她流泪的镜头。可是邰丽华无论如何也哭不出来，于是就说，给她滴眼药水吧。邰丽华却咬咬牙，说不，她要自己哭出来。我在旁边启发她，你想想，你快要毕业了，要离开同学、老师、学校,离开爸爸妈妈和姐姐,你心里会怎么想?她低头想了一会儿,就哭了。我就知道,邰丽华是个特别重感情,同时又是很坚强、很自律的孩子。

《同在一片蓝天下》后来在中央四套播出了,观众来信雪片一般飞来,来信的有聋哑人,也有健全人。那时候的邰丽华,年龄小,心思很单纯,她把信都交给了老师。有些信,是向她求助的,她都会认真回复。

当时有一个叫李珏的贵州高中毕业生给她写信,说他高考落榜了,非常痛苦。邰丽华就给他回信,但一直不知道对方是男生,直到很多年后,央视《艺术人生》节目请他来到节目中,邰丽华才第一次见到他,才知道他是个男生。李珏还带来了邰丽华当年给他的回信——

李姐姐：

　　你好！

　　……

　　我在信中看到你今年高考落榜了，受到别人的责骂，有过轻生的念头时，我也替你难过。不过，你要做生活中的强者，把以前的想法忘掉吧，要开阔一些，准备明年考上大学。

　　我给你讲一件事儿，小时候我是个聋哑人，健全人常常欺负我，在幼儿园时，特别是男生喜欢欺负我，女生还对我瞟白眼。我想告诉爸妈，我又不会说话又不会写字，只好忍住。上幼儿园时，我特别认真地看老师讲课，学会数学，学会画画，又会和别人做游戏，虽然别人欺负我，但是我没有把它记在心里。我对自己说，要自己看得起自己，不要让健全人看不起我们残疾人。

　　李姐姐，你虽然高考落榜了，但是我知道，你有你自己的信心，我相信你会考上你理想的大学，希望你克服悲观情绪，努力争取达到自己想达到的目标。

……

你的朋友　邰丽华

1990年11月5日晚

学生教育了老师

教聋孩子跳舞，老师自己跳舞示范最重要，他们听不见音乐，一招一式都靠眼睛看。那时我三十多岁，也是在慢慢地摸索经验，循序渐进，教孩子从最基础、最简单的学起，运用鼓、琴和打节奏的小乐器作为辅助手段。音乐有高潮低潮，聋哑人听不见音乐，难以带入感情，表演就很难有灵魂，我就想方设法给他们找相关资料，加深他们的理解。只要有学习舞蹈的机会，我都不会放弃，有时干脆带上邰丽华一起去学。她模仿能力强，记忆力又好。回来后，我把学来的舞蹈重新编排，让它更丰富，更有可看性，然后再教给孩子们。而邰丽华呢,她肯帮助人,为人着想,是同学心目中位置很高的大姐姐。有了她这样的学生做示范,我轻松了很多。

《是你给我爱》之后,我给邰丽华编过一个舞蹈《敦煌彩塑》,这个舞蹈和后来的《千手观音》有异曲同工之妙。这是一个双人舞,由邰丽华和刘璇合跳。刘璇也是一个非常优秀的女孩,她画画很好,毕业后从事了动漫创作。编舞的时候,我从一个电视节目里受到启发,把邰丽华和刘璇的头发绾起来,做了头饰,又用金纸给她们做了长指甲。

那一年,我们又得到了参加全省残疾人学校学生文艺汇演的机会,我带着邰丽华和其他几个孩子去了武汉。当时负责组织的一些人对我们从宜昌来的人很怠慢,但我们的两个节目《是你给我爱》《敦煌彩塑》分别获得了二等奖和三等奖,爆了个大冷门。当时,全省几十个节目参赛,拿奖比例很小,只设了一个一等奖,两个二等奖,三个三等奖。邰丽华成了最耀眼的小演员,她被主持人从幕后请到台上,专门安排了采访。我还记得,当时我给邰丽华做手语翻译。这孩子在接受采访的时候,看上去就像一个"小公主"。

也就是那一次,湖北省残联艺术团吸纳邰丽华和我们舞蹈组的其他两个女孩为团员,后来参加了省残疾人艺术团的一些活动。说起来,邰丽华的专业演出生涯就是从那时开始的,那年,她才十三岁,是宜昌市盲聋哑学校八年级学生。

邰丽华小时候就美,脖子长,一看就是跳舞的料。我还记得,那年我带他们去武汉演出,回来时坐的绿皮火车,邰丽华就坐在我跟前。后来,她去倒开水,后面紧跟着一个军人,差点引起了误会。后来那军人跟我说,想招这个女孩去当文艺兵,她很美,外形很适合当文艺兵。那军人得知邰丽华是聋哑人,招不了,觉得很遗憾。

邰丽华虽然是我的学生,但在很多时候,是她教育了我。

她在宜昌读书时,每年要参加省里的集训,参加的演出多了,难免要耽误功课。但邰丽华对自己要求很严,很自律,成绩还是名列前茅。

我还记得,拍摄纪录片《同在一片蓝天下》时,摄制组请她在草坪上跳孔雀舞,录了一遍又一遍。后来一曲跳完,编导惊叫起来,原来她发现邰丽华的舞鞋鞋底已经磨出了一个鸡蛋大的洞,把她的脚底都磨破了,但这孩子没有吭一声。

还记得,邰丽华的家离学校远,但她每天早晨都是第一个到校,打开律动教室的门来练功;放学了,她又带领着大家一起排练舞蹈。我当时就觉得,这个女孩和别的孩子不一样,特别能吃苦。

邰丽华还是一个非常懂得感恩和回报的孩子。离开宜昌后,无论在哪里,她每年过年都会给我寄贺卡和明信片。回宜昌过年,也和同学一起来拜年。我细心保留着她第一次出国演出时拍的演出照片，以及送给我的礼物。她不但感恩教过她的老师，也感恩母校，同时不忘回报社会。

邰丽华还是一个很有主意、意志坚定的孩子。在人生的每个十字路口，她都会坚定地选择自己要的人生，坚持梦想。对这一点，作为老师，我都很佩服她。

我想，邰丽华今天的成功不是偶然，而是必然。

皮云秀老师

时间：二〇一九年九月十五日下午

地点：皮云秀老师寓所（宜昌）

皮云秀老师还住在当年小学后面的巷子里，将近七十岁了，朴素，严谨，慈祥。知道我去采访，皮老师特意手写了稿子。她坐在椅子上，认认真真按照自己的手稿讲述，不紧不慢，条理清晰，有理有据。她让我想起小时候培养过我的语文老师、我的班主任们。

邰丽华深受皮云秀老师的影响，皮老师身上有着中国传统教师固有的美德：敬业、正直、宽厚、谦逊。邰丽华一再与我提起，皮老师的为人处世深刻影响了她的人生观和价值观，皮老师给予了邰丽华最初的自信心、上进心和不畏挫折的勇气。更重要的是，在邰丽华饱受压力，打算放弃舞蹈时，是皮老师给了她不放弃的坚强支持。可以说，如果没有当年的坚持，或许就没有日后的舞蹈家邰丽华。

我用八个字来概括邰丽华：和善、担当、勤奋、自强。

和善：她总是关心人

邰丽华相当善良，别人对她再怎样，她对别

人都好。有人嫉妒她,她也不会针锋相对,不和人争执。

有一次春游,她带着的一个照相机不见了,怎么找也找不到。在当时,照相机是很贵的,属于大物件。她很着急,她的爸爸也来找我,但是仍没有找到。我们推测,可能是有的孩子出于嫉妒,把照相机拿走了。后来这事就不了了之了,邰丽华也没有太在意。

我对学生的教育比较严格,总希望他们多学点东西,希望他们走上社会成为有用的人。我记得有个男孩,他说我欺负他们,到讲台上来拍我桌子。下课后,我就给他做工作,说,老师怎么会是欺负你们呢?老师是为了你们好。后来我想,我要站在他们的角度来思考这个问题,来检查自己。他们之所以认为我在欺负他们,是没有理解我的意图,这是我的问题。后来,那个男孩在毕业的时候,在作文里承认了错误,说自己态度不好,对不起老师。这让我很感动。

邰丽华是一个待人非常和善的孩子,她对低年级的小同学相当关心和爱护。那时候,我们学校还有培智班的孩子,她对这些小朋友很关心,很照顾。这些小孩刚到学校的时候,她会领着他们上厕所,去食堂。小朋友们都亲热地叫她邰丽华姐姐。

我生病了,她也很关心,时不时来问,老师,您好些没有呀?我身体不好,别的孩子不听话,她就很着急。知道我的儿子生病了,她也会问,弟弟好些没有?她真是一个会关心人、体贴人的孩子。她总是把别人当朋友,真诚对待。我想,这和她的家庭教育有关,她的爸爸妈妈为她费了很多心思,她受到了关心,也学会了去关心别人。

担当:奔向远方的火车

我还记得,我来学校后不久,就看了邰丽华

和一个男同学表演的舞蹈《阿里山的姑娘》，她的表演有模有样。我当时就想，这个孩子以后的发展会很不错。

邰丽华是班长，后来担任大队长，班上大扫除，总是第一个到学校，打水，扫地，和同学们一起做卫生。我们班级的卫生检查一直很好，这和邰丽华以身作则起带头作用分不开。她的穿着也朴素，没有虚荣心。出黑板报啊，组织班级活动啊，她很擅长发挥每个人的特长。她总对我说，您不要操心，我会搞好的。常常是，我中午回家吃饭，回学校后，就看见邰丽华已经带着同学把黑板报出好了。学校组织什么文艺演出，她也会带领同学编排节目。她会对我说，您别操心，我来就行。然后，她回家自己编剧，对着镜子表演，第二天把同学组织起来，让每个同学担任一个角色。我还记得一个宣传卫生知识的小品，七分钟的演出，效果很好。

孩子们到了青春期，班里有个男生，上课时老是回头看后面的女孩,两人就这么相互看来看去。但是邰丽华没这个现象,我曾经跟她提到过,让她把握好同学来往的尺度,她点点头说,我知道。

毕业时,邰丽华和同学们出了最后一期黑板报。这期黑板报和以往不一样,我还记得那图案,一列火车载着同学离开学校,奔向新生活,奔向更加广阔的天地。看着这列火车,我很感动。邰丽华是我教过的最优秀的学生,我对她说:我舍不得同学们,更舍不得你呀!

勤奋:从不漏交作业

邰丽华学习相当认真,老师讲课她"听"得很专心。和其他孩子相比,她口语用得最多,她平时很注意别人的口型,有意识地培养自己的这个能力。口语能力强,以后踏进社会也就更容易适应。

我记得,有几次邰丽华在市里有演出,演出结束回到家都是深夜了,平时邰丽华的作业都是认真完成的,各科老师对她都很放心,我就对她网开一面,说:"丽华,明天你的作业就不用交了。"邰丽华只是微微一笑。到了第二天早上,她按时交上了作业本,这说明她演出结束回家后都是在熬夜写作业。

邰丽华身体素质不太好,有低血糖,有时会头晕。我时常关注她的身体状况,看她脸色不好,就会冲一杯糖开水给她。但邰丽华是个坚强的孩子,从不会因为身体原因而放弃排练,学校有运动会也会积极参加。

去武汉读高中后,她经常给我写信,我每封都回。在信里,我都让她注意身体,她身体不太好,又刻苦,我担心她的健康。后来她到湖北美院上大学,我们还保持着通信。她在信里详细告诉我自己的学习和生活情况,她去湖北美院上大学,周围都是健全人,她一个听力有残疾的人,困难挺大的。她出去演出,同学给她抄笔记,她回来后也会帮同学做一些洗衣服之类的零碎事情。她周六周日都没有休息过，借别人的笔记来抄，别人出去玩，她却总在学习。

自强：事事争第一

邰丽华很要强，这是她的优点，也是她的弱点。她事事都要争第一，好胜心让她很努力，但有时也是双刃剑。

她出去演出比较多，另外一个同学代她出了黑板报，但她有点不满意。我当时就跟她说，不要只看到自己的优点，别人也有别人的长处，她担负你的工作，做到这样也是不容易，要发挥每个人的长处。她点点头，晓得自己错了。

有一段时间，她出去演出多，耽误的课程也就多了，难免影响学习成绩。有一次，她数学期中考试不及格。这件事，在学校竟掀起了轩然大波。学生中有一些嫉妒的言论，说她因为跳舞老受关照，这下不行了吧，有点幸灾乐祸的意思。

这件事让邰丽华陷入了低谷。

那次考试后,我让大家写一篇作文,题目是《期中考试后》。邰丽华在作文里写了她内心的真实感受,大意是愧对老师,也感觉无颜面对父母,心理压力很大。我看了她的作文,很受感动,我跟她谈话,让她不要因为一次考试失利就感到气馁,要放松心情,继续努力。我还专门当着所有学生的面讲,邰丽华虽然这次数学考试失利,但她的语文成绩还是第一名。

当时,邰丽华的父母也表示出了强烈的担忧。我给她父母写了条子,说这次失败是暂时的,不要责怪她。有一次,她的妈妈来学校找我,提出不希望邰丽华继续跳舞了。我想了想,跟她妈妈说:"那不行啊,这是邰丽华的爱好,也许这就是她以后人生的路呢!"

我又找邰丽华单独谈话,对她说:"我相信你,你以后一定会考好,舞也要坚持跳,要跳得更好。"邰丽华点点头,对我说:"老师,我一定要坚持学习跳舞,永不放弃!"这次考试失利反而成了她更加努力的动力,很快,她的数学成绩就取得了进步。

邰丽华写给皮云秀老师的书信摘抄 [1]

皮老师:

您好!今天收到您的来信,心里非常高兴。才知道您的工作非常忙,谢谢您抽出一点宝贵的时间给我写信。今天我的功课很多,都快把我累坏了,不过给您写信我是一定要写的。

国庆节前,我们学校没有开展什么活动,看到您在信中写学校开展了丰富的活动,我心里好想玩一顿,我们天天读书和画画,没有开过一次庆祝会,聋人节[2]和平时一样,没有开展庆祝活

---

[1] 此处摘自邰丽华当时信件原文,作者和编者均未对其润色,意让小读者看到本色的女孩邰丽华。——本书脚注如无特别说明,均为编者注
[2] 聋人节:国际聋人日,定于每年9月的第四个星期日。当日,中国各地都为当地聋人组织多种形式的庆祝活动。

动。9月29日下午,姑妈接我回家,30日早上才到家。在家玩了五天后,才回武汉。在假日里,我想到学校玩一玩和看您,可是我拿不出主意,心里有点怕,不好意思到学校去看老师和同学们。后来听王维涛说,老师们都说我为何不来,我才知道老师们会欢迎我来,我真恨自己那天为什么不来。皮老师,我真对不起您,下次放假,我一定来看我的母校。

……

您的学生:邰丽华

1991.10.9晚

皮老师:

您好。

今天我们考完数学,昨天考了语文,觉得很简单。试卷已经发下来了,语文得了96.5分,作文题目是《童年的一件事》,扣了2分(作文分是30分),数学得了满分,班上有三个同学也得了满分。

王维涛的语文成绩是67分，数学87分。还有专业课，色彩得了满分，素描得了90分，成绩在班上第一名，我觉得我的学习方法不是完全都好，现在我还要努力，别让骄傲的细胞又在我身上做鬼。

……

学生：邰丽华
1991.11.9五点

皮老师：

您好！学校放假了没？我现在在北京集训，准备7月10日到五个国家。今天是星期日，我一有空就给您写信。近来我在这里排练很累，老师比湖北还要严，我只好老老实实地练功。五月底我们省残联艺术团到宜昌演出的第一天下午，我正在台上找我班主任，就是您，快要结束了，我还是没有看到您，心里便惋惜。结束后，我终于看到您向我招招手，这使我很高兴，又很想找您谈话或者到您家看望。可是我很忙，没有时间找您。还好我的运气很好,就在那天晚上,我又见到了您,您变瘦了。我想您工作太累了,很少休息吧?我希望您要把身体搞好,才能把工作做得非常出色。

对了,我要告诉您,我从湖北到北京,看到很多人比我功夫好,而且舞跳得太棒,有表情,有含情……使我看得很羡慕。我觉得我比别人差得还要多,现在我好好地练功,还有我想让刘瑛、刘玉涓、杜艳丽等几个爱跳舞的同学必须练好功……听说在欧洲停留44天后,大约是8月23日到北京,23日后,我就可以来宜看您了,并把到国外的事介绍给您听,或者照片洗后会送您几张,您会喜欢吗?我非常高兴,不过我现在别高兴太早,只有好好排练,才能实现,对吗?……

学生:邰丽华
1992.6.14晚

亲爱的皮老师：

……

这次我能考上大学，是我的愿望，也是您辛辛苦苦教成我的。开学已一个月了，新的学习环境我已经习惯很多，学校的条件太差，比我原来读书时还差很多。这是现实的，反正不只是我一个人，别人能克服，我同样能克服一切困难的。我在特殊学校里特定的环境中……显得格外突出，但现在同正常人，尤其是能考入高等学府的正常人相比，我就没有那些优势了，加上我原来学的时间和知识都比他们少，所以我就要利用好时间去战胜不利因素而取胜。上课老师讲课我是的确听不懂，语言上的障碍，给我带来很多不便。我找了一个好朋友，在学习方面她经常帮助我，在生活方面我经常帮助她。虽然大学的学习方式同我以前不同，但我很喜欢这里，多学别人优点，这样可以补我的短处，是吗？在各方面我总是抱着乐观的精神去战胜一些困难，相信自己在这四年内可以学到自己学不到的东西，虽然辛苦一点也甘心。生活充实是很重要的，不想懒懒散散，碌碌一生！

……

学生：邰丽华
1994.10.24晚

杜红老师

时间：二〇一九年九月十六日

地点：宜昌市特殊教育学校（前身为宜昌市盲聋哑学校）

邰丽华在校时，杜红校长还是一个小伙子。当年，他年轻气盛，特立独行，对特殊教育有着独特的看法。他的家就在聋校附近的肖家巷，师范毕业分配去聋校，他并没有其他年轻老师的

"抗拒"。就这样,他成了聋校少有的年轻教师,并且,再也没有离开。也正因为他和其他年轻教师的到来,聋校才开设了音乐课和美术课。杜红教体育,还组织了田径队和排球队,他还能教语文、数学和美术。一九九七年,杜红就当上了宜昌市特殊教育学校的副校长,两年后升任校长,他的走马上任,给学校带来了巨大变化。

如今,杜红早已不年轻,但他依然保持着当年的特立独行,敢想敢做。锐气,在这位年轻的"老男孩"身上从未退去。

我在宜昌市特殊教育学校的校门外,还看到了另一块校牌——中国残疾人艺术团附属学校。对于宜昌市特殊教育学校来说,这是一种荣耀,全国特殊教育学校很多,但能给中国残疾人艺术团演员授课的,只有宜昌一家。这意味着杜红领导下的宜昌市特殊教育学校已经成为全国特殊艺术人才的培养摇篮,而邰丽华正是这件好事的牵线者和推动者,她身体力行地为像她一样的后来者提供着更好的成长机会,这是她对母校的另一种形式的回报。

不要总是争第一

那时候,我教邰丽华数学。当时,我年轻气盛,有一些自己的想法。邰丽华是学校里最突出的学生,但她样样都要争第一,我觉得这个想法不好。首先,她数学就不是最好,有个从普通学校转来的女生,数学基础好,自然就比邰丽华考得好。她的体育也不是最强。美术,也有个叫张勇的也比她强。邰丽华有些课是在前三的水平。

我就觉得,邰丽华本身对这个问题的认识有偏差,我想纠正她这个认识。有时候,我有意把她的数学分数压低,想从反面来激励她一下,让她明白,不能什么都得第一。我觉得这种定式思维对她成长不好。我通过数学压低你,让你接受这个现实,只要努力了,问心无愧就行,要看到有的同学确实比你行——第三名为什么不能接受呢？这是从将来心理健康成长的角度来讲的。

我对残疾问题的理解

我现在很注重学生的心理发展，让大家认识到，每个人都有自己的长处。

我想先说说我对残疾问题的理解。

第一，自有人类，就有残疾，残疾是人类发展进程当中不可避免要付出的代价，自然灾害、意外事故、疾病传播等自然和社会原因都有可能导致残疾的发生。第二，残疾不是不能，而是不便。我们每个人都有不便，从出生到老去，很多人多数时间都是在不同程度的不便中度过的。第三，我们每个人都可能残疾，因为我们谁都不知下一刻有什么事要发生，谁都不知道我们什么时候、哪一个人生阶段会出现残疾。所以人类社会对残疾人负有不可推卸的责任，换句话说，我们厚待残疾人，就是厚待我们自己。第四，只要社会给残疾人提供一点儿帮助，他们就一定能够站起来，有的能够自食其力，有的还能成为我们社会财富的创造者，甚至成为邰丽华这样的时代先锋人物，为人类社会做出巨大的贡献。

这些孩子身体有残疾，心理上的健康就特别需要引导，要尊重他们，让他们意识到自己的价值，反过来，这些残疾孩子也会帮助我们。有些情形下，有些学生甚至比老师更强。以盲童们学游泳为例。他们平时感受到的水——洗脸刷牙用的水——和游泳池里的是不同的，他们需要慢慢熟悉水的特性，去感受为什么人在水里不能自由行走了，为什么游泳池里的水有浮力。他们掌握了水性后，靠他们的意志和勇敢学会游泳。学会后，他们会讲自己的感受。你会发现，他们的感受和我们惯常的感受是不同的，会给我们以思考。盲人学按摩也一样，他们对穴位拿捏得比正常人更准。这些就是残疾人超出我们正常人的地方。

聋人也有他们的长处,他们听力上有障碍,视力却有代偿功能。现在,他们可以通过佩戴助听器、人工耳蜗听到声音,在高科技时代,听力矫正已经不成问题。他们的问题是错过了六岁前,尤其三岁前语言形成阶段的干预,那是儿童语言发展的黄金时间。语言学习是一个模仿的过程,通过听和模仿,进行自我矫正,这一点需要学校和家庭的早期干预。

很多残疾孩子发展不好,和他们家庭教育缺失有关,而这些,也往往是由贫困造成的。邰丽华的口语为什么比其他聋人好?这和她的家庭教育有关。邰丽华的爸爸在她幼年早期,就是面对面教口型,把灯关了,让她摸爸爸的声带,感觉是怎样发音的。爸爸妈妈想方设法教她说话,才培养了她说话的能力,虽然后期发音器官和功能都退化了,她说得不清楚,但和其他聋人相比,她还是要强得多。

其实,语言缺损对心理造成的影响是很大的,语言发展迟缓,在理解问题上不是那么深刻,比较片面,阅读量也比较有限。他们听不到声音,接触的世界就会比较单一,思考能力自然也就有了局限。

什么是偷,什么是拿

聋孩子的道德观养成也有一个过程。

讲一个小故事。

当时,我在体育教研室里办公。有一天,发现放在桌上的五块钱没了,于是我问学生们:"稀奇古怪事情多,我的钱长了脚。"在宜昌话里,这两句话是押韵的。但没有一个孩子承认。

我继续问:"谁去我办公室拿了球啊?拿了体育器材啊?"我一边问,一边观察他们的表情,有人欲言又止,看来有人知道。有个十六七岁的女生表情有些异样,我基本有了判断。

一个男生欲言又止,我就把他叫来,他就说

了是谁谁，就是我怀疑的那个女生。我就找来管生活的女老师，请她找个时间问那个女孩下午去哪儿了，她说去了杜老师办公室。到最后，我问她："看见我桌上的钱了吗？"她说："看见了。""那钱去哪儿了？"她说不知道。但我看她眼神知道就是她拿的。

最后，我在高低木头床的床脚和下面垫着的砖头之间，找到了那五块钱。我问她："打算用钱干吗？"她说："坐车，买吃的。"我说："你跟我讲啊，我给你。坐车、买吃的一块钱就够了，怎么拿了我五块钱呢？拿太多了。"然后我又说，"我一个月才多少钱工资哦，我还有爸爸妈妈、弟弟妹妹需要用这个钱，你知道我是很着急的哦。"我并没有特别责怪那个女生，第一时间把事情查清楚以后，这个女孩就知道这种行为是不对的。

这是一个教育的过程，让他们明白什么是偷，什么是拿。

通过几次固化教育以后，学校这种事情就少了，但还是会发生。

很多残疾孩子发展不好，是因为缺少良好的家庭教育，不是孩子本身的问题。作为特教老师，我们也有一些特殊的感受。当了一辈子老师，我们没有桃李满天下的成就。教了一辈子聋孩子，可能没有一个人叫你一声"老师"，培智班的孩子毕业了，就可能不认识你了，不来看你了。聋孩子，也没多少会来看你的。这是特殊教育学校老师的遗憾和苦恼。

所以，特殊教育的探索长路漫漫。

对于残障孩子来说，脑瘫能走稳就是成功，聋哑人能开口说话，就是成功。我们应该面向每个学生，而不是面向少数精英，只要他们获得自身基础上的发展，那就是最大的成功。残疾人教育必须在起跑线上干预，这话是对的。邰丽华的幸运就在于，在她人生的起点，她的家庭就给予了充分的干预，她得到了充分的爱。

而邰丽华的成功对残疾人群体的意义也很重大，她完全改变了公众对残疾人艺术的整体印象。过去，人们只是把同情的眼光投向残疾人，但邰丽华的出现，让我们看到了"美与人性的使者"形象，她带给公众的是高品位的艺术享受。

这正是我们要追求的特殊教育学校的精神：平凡未敢忘卓越，残缺从来当自强。

文洁老师

时间：二〇二〇年二月十三日晚

方式：在线访谈

二〇一九年九月赴宜昌采访邰丽华家人和母校老师时，本有去武汉访问邰丽华的高中武汉市第一聋校并采访文洁老师的计划，但文老师临时接到去东北培训的通知，原定的计划不得不取消。待到手头事情忙完，打算再赴武汉时，新型冠状病毒肺炎疫情暴发。无奈，只能在线联系文洁老师，做了一场线上访谈。

文洁老师曾经在武汉市第一聋校当过七年的数学老师，具有艺术天赋的她后来成为该校的律动课老师，走出了一条独特的聋哑孩子艺术教育之路。邰丽华是文洁老师最得意的学生。从十四岁在舞台上崭露头角，到考上湖北美院，参加工作，进入中国残疾人艺术团，邰丽华和文洁老师相伴十多年时间。文洁老师不仅教她舞蹈，也关心她的生活，成为邰丽华人生路上又一位重要的陪伴者和引领者。

成为我的学生该多好

邰丽华当然不是聋人跳舞的第一人。在她之前，许多聋孩子也会跳舞，但大多数只是属于一种"乱跳"，节奏感比较差，表情也不到位。那时，我还在教数学，看到聋孩子跳舞，就在想，如果将来能有机会教这些聋孩子跳舞，一定要让他们跳上一种真正的"听得见音乐的舞蹈"。那时，我对舞蹈的认识是，舞姿要优美，节奏要准确，表情要可爱。

后来，我终于有机会成为一名律动课老师，自编自导，组织武汉市第一聋校的三个女孩跳了一支印度舞。那时候，没有参考素材，连录像机也没有，就是看电视，快速用笔记下一些动作要领，又想方设法找来一些背景音乐磁带，舞蹈的编排还是比较稚嫩的。后来，我带着这三个女孩参加了武汉市和湖北省内的文艺汇演和比赛，得了一些奖。我记得，有一次演出就是在宜昌。

也就是在那一年，我第一次见到邰丽华，当年，她正在宜昌聋校念八年级。

三十多年过去，我依然清晰记得初见邰丽华的印象。

下午的彩排阶段，来了很多表演节目的孩子

和老师，刘康宁老师也带着宜昌聋校舞蹈队的孩子们来了，邰丽华就在里面。彩排的时候，孩子们都穿着平时的服装，也没有化妆。邰丽华和她的伙伴们在一起，看上去瘦瘦小小的，并不起眼，和其他普通的小女孩没什么两样。

可是到了演出的时候，邰丽华完全颠覆了我对她的初始印象。她们表演的舞蹈节目正是《是你给我爱》，台上的邰丽华和之前看到的邻家小女孩判若两人，她在舞台上大放异彩，无论是舞姿、节奏感、表情……都非常到位，舞台表现力特别突出，可以说，把所有参加演出的舞蹈小演员都比了下去。

那次演出，邰丽华给我留下了深刻印象。我当时就想，如果能有机会让她成为自己的学生，那就太好了！

没想到，后来我真的梦想成真。邰丽华十四岁那年考上了我们武汉一聋，来到一聋后，她果真成了我的学生，也成了我们武汉一聋舞蹈队里最突出的一个孩子。

爆炸的啤酒瓶和脸上的伤疤

我的印象里，邰丽华还是一个内心很坚强、特别能吃苦的孩子。

一九九四年的暑假，我带她在湖北比较偏远的阳新县演出。那天傍晚五点钟吃饭时，她路过一个桌脚放着啤酒的桌子，突然地上的啤酒瓶爆炸了，玻璃碎片飞到她的腿上，扎破了皮肉。我赶紧把她送到医院，在腿上缝了三针。当天晚上还有一场预定的独舞演出，残联领导和我都决定取消晚上的独舞，但邰丽华不同意，坚持要表演。她说，到这么偏远的地方来演出，机会很难得，当地的残疾朋友平时很难看到这样的演出，我受这点伤算什么呢？

我很感动，心想，邰丽华外表看着柔弱，但内心却如此坚强，顾大局，明事理，这孩子将来一定能够做大事。

一九九七年,中央电视台第四频道邀请邰丽华和我到大连去参加一个演出,那台节目由郎昆导演。可临到演出,邰丽华在武汉不小心摔了个跟头,把脸摔破了,留下一个一元硬币大的伤痕。我们有些担心,就问导演,演员意外受伤,是否要取消演出?导演回复说,先来了再说。

就这样,我们一起心情忐忑地到了大连。工作人员看到邰丽华脸上的伤痕,都露出失望的模样。但经过第一次彩排,大家都被她的表演征服了。导演当即找来了最好的化妆师,邰丽华脸上的伤痕"消失"了,最后演出非常成功。

我说这两件事,是想说明邰丽华这孩子不同寻常的忍耐力和强大的心理,小小年纪,临乱不惊。

《雀之灵》

邰丽华有几个保留节目，一个是先前多次登台表演过的《敦煌彩塑》，是三个人表演的舞蹈；另一个就是她自学的独舞《雀之灵》。

《雀之灵》是著名舞蹈家杨丽萍的舞蹈作品，邰丽华在电视里看到杨丽萍的表演，被深深打动和震撼，着魔一般地喜欢上了这个舞蹈。一九九一年，邰丽华参加中国残联的出访演出，湖北省残联帮助邰丽华一起编排节目，邀请了湖北省歌舞团的舞蹈家赵兰老师指导她。

起初，赵兰老师觉得邰丽华很有灵性和天赋，是一个可造之才，她不仅重新编排了舞蹈，也对邰丽华的表演进行了一对一的指导。但是，赵兰老师对邰丽华的基本功不太满意，觉得她叉腿不到位，提腿不准确，手位也不够协调……赵兰老师失望而去。

但邰丽华并不气馁，在成长的路上，她遇到

那么多困难,都没有放弃和退缩过。

后来,我陪着她一起训练,给她打气。整整三个月,邰丽华把自己变成了一只旋转的陀螺,二十四小时,她除了吃饭和睡觉,其他时间都在练习。开始的时候,她转圈动作不熟练,靠两脚挪动来旋转,到后来,就能让自己像圆规一样,单脚旋转。终于,她重新让赵兰老师对她燃起了希望。

一九九二年的八月,邰丽华又代表中国残联参加意大利斯卡拉大剧院举行的"无国界文明艺术节"。邰丽华是出席这次艺术节的全球唯一的残疾人艺术家。那次演出大获成功,邰丽华被组委会艺术总监誉为"美与人性的使者",他对邰丽华说:"你与同台演出的超级明星们相比,毫不逊色。"那一年,邰丽华只有十五岁,在武汉一聋上高中一年级了。

《雀之灵》邰丽华前前后后跳了十年,虽然听不见音乐,但邰丽华早已和《雀之灵》融为一

中华先锋人物故事汇　邰丽华

体,她跳出了舞蹈的灵魂。后来,她到了北京,中国残联邀请杨丽萍老师来指导邰丽华的表演。起初说好了,只需要杨丽萍指导邰丽华五分钟,但没想到,杨丽萍看了邰丽华的现场表演,兴奋难抑,当场脱下高跟鞋,整整指导了邰丽华一个半小时。杨丽萍说:"我创编《雀之灵》这么多年,要是我把耳朵堵上,听不见音乐,自己都不知道还能不能跳出那种味道来,而你竟然跳得这么好,真不简单!"

这次难得的辅导课,让邰丽华记忆犹新,她每次跟我说起,都很激动和兴奋。

二〇〇〇年,中国残疾人艺术团在纽约卡内基音乐厅演出。在富丽堂皇的展室、走廊和前厅,挂满了一百多年来在这里演出过的世界著名艺术家的肖像和演出海报。邰丽华的《雀之灵》是其中唯一的中国人的剧照。邰丽华当时惊呆了,同时又感到非常自豪。

作为她曾经的老师,我也感到骄傲,四十年

教学生涯，可以说，邰丽华是我遇到的最有舞蹈天赋和灵性最好的孩子。她的成功固然和机遇、和身边那么多帮助她的人有关，但更重要的，是她自身的努力，她的坚韧、肯吃苦、不为外界所动、对梦想的执着、天赋异禀的舞蹈才华，而这些在她小时候就显现出来了。

附录　我和舞蹈[①]

　　我叫邰丽华，是中国残疾人艺术团的舞蹈演员，中国特殊艺术协会副主席，也是今年的春节联欢晚会聋人舞蹈《千手观音》的领舞演员。

　　我的家在湖北省宜昌市。我两岁半的时候，因为高烧注射链霉素，永远失去了听力。从那以后，我生活在无声的世界里，自己却茫然不知。

　　直到五岁那一年，幼儿园的小朋友轮流蒙着眼睛，玩辨别声音的游戏。轮到我辨别声音了，当我睁开眼睛的时候，我只能看到小朋友们的笑脸，却无法指出是谁发出了声音。我愣住了。我第一次意

[①] 该篇文章由邰丽华创作于二〇〇五年。

识到我和别人不一样,我伤心地哭了。

我七岁进入宜昌市聋哑小学。学校里有一门特殊的课程,叫律动课。上课时,老师踏响木地板上的象脚鼓,把震动传达给站在木地板上的聋哑学生。

嘭!嘭!嘭!这有节奏的震动,通过双脚传遍我的全身。那一刹那,我震颤了:一种从来没有过的、幸福的体验,就像一股强大的电流,撞击着我的心。我情不自禁地趴在地板上,用我整个身体,去感受这大自然中最美妙的声音,我兴奋极了。

这时,舞蹈——这种和音乐密不可分的艺术吸引了我。

在我心中,舞蹈是一种看得见的、彩色的音乐,舞蹈是一种能够表达我内心世界的美丽的语言。

还在上小学的我,对舞蹈产生了深深的迷恋。我多想拥有一双自己的舞鞋啊!可是,为了带着我治病,妈妈办了内退,全家四口人,只靠爸爸每个月三十多元的工资生活。但细心的爸爸还是发现了我的愿望，他省吃俭用，给我买了一双白色的舞鞋。

手捧这双白舞鞋，我害怕踩到地上把它弄脏了，就在床上跳啊跳啊，脸上流着幸福的泪水。

从宜昌市聋哑小学，到武汉市聋哑中学，不论学习多紧张，我每天都要挤时间练习舞蹈。我练得很苦，很苦，身上总是青一块，紫一块，新伤落着旧伤。怕妈妈看见了心疼，就是在夏天，我也总是捂着一条长裤子。有一天，妈妈还是发现了我满身的伤痕，她心疼地哭了。

一九九四年，我考上了湖北美术学院，学习装潢设计。我成了这所普通大学里的聋人学生，无法听老师讲课，我就坐在第一排，用眼睛看，看老师的口型，看老师的板书。

下课以后，我借来同学们的笔记本，认真抄写领会。因为有听力障碍，我只能比同学们更加努力。

四年的大学生活飞快地过去了，我不仅以优异的成绩拿到美术专业的大学学历，同时获得了文学学士的学位；我设计的"珍酒系列"包装，还在湖北省获了奖。

大学毕业后，我被分配到武汉市第一聋哑学校，成了一名人民教师。

在我成长的过程中，舞蹈始终与我相伴。从十五岁起，我就随着中国残疾人艺术团访问演出。至今，我已巡演二十多个省（区、市），出访过亚洲、欧洲、美洲、大洋洲的三十多个国家和地区。

作为一名聋人舞蹈演员，虽然我的艺术道路洒满了艰辛和汗水，但更是铺满了阳光和梦想。

我的心每一天都被深深地感动着：

我忘不了，一九九二年，在著名的意大利斯卡拉大剧院，举办了被称为人类艺术盛会的"无国界文明艺术节"。前来演出的都是世界顶级的舞蹈家、音乐家。我作为唯一的残疾演员，被赞誉为"美与人性的使者"。

我忘不了，二〇〇〇年九月，我们残疾人艺术团来到世界级艺术圣殿——纽约卡内基音乐厅。富丽堂皇的展室、走廊和前厅挂满了一百多年来在这里演出过的、世界上最著名的艺术家的肖像，还有许多经典剧目的海报。

我一幅一幅地寻找着，我想找到一张我们中国人的照片。突然，一幅我身穿《雀之灵》演出服的巨型海报出现在眼前，那是卡内基音乐厅里唯一一张我们中国的剧照。我惊呆了！滚烫的泪水禁不住夺眶而出。

我忘不了，二〇〇二年十月，在日本出席世界残疾人领导会议的代表，把中国残疾人艺术团称为"人类特殊艺术的火炬"和"全球六亿残疾人的形象大使"。

我忘不了，二〇〇三年六月中旬，我们成为内地第一个，也是世界上第一个在"非典"时期到香港演出的艺术团体。

面对肆虐的"非典"，人们到底能不能来看演出？大家心里都没有底。但是演出那一天，人们提前一个小时从四面八方来到香港文化中心，摘掉了往日的口罩，相互问候，脸上露出了久别的笑容。

我把亲手折叠的千纸鹤，献给香港同胞。台上是身存障碍的残疾演员,台下是与"非典"拼搏了两个多月的香港同胞。逆境中的自强与抗争让我们结为一体。

——没有什么灾难,能毁灭生命的价值和尊严。

我忘不了,今年三月在波兰,我演完舞蹈《雀之灵》之后,谢完幕,退到后台换下服装,准备下一个节目的演出。这时主持人来到后台对我说:"台下全体观众,包括波兰总统夫妇,一直不停地鼓掌,等着你再一次到台前来,和大家见见面。"可是,看到我已经卸下装,在换下一个节目的衣服,不便再出场的时候,主持人只好走到台前对观众说:"对不起,由于演员是一位聋哑姑娘,她没有听到大家这热烈的掌声和邀请声,正在换服装准备下一个节目的演出,无法再出来和大家见面。"观众为我听不到他们热情的掌声而流下了热泪。

跨越千山万水,历经十几年,我们残疾人艺术团所到之处,都受到当地的热烈欢迎,并且得到极高的评价。

但是我深深地知道，我只是一个普通的残疾演员，没有领导和社会各界的关爱，没有艺术家的帮助，就没有我的今天。

我国特殊艺术的成就，是华夏文化和民族精神的结晶，是社会主义制度和改革开放的成果。

失去了听力，我是不便的，然而我是幸福的。美国纽约卡内基音乐厅和意大利斯卡拉大剧院，被称为音乐家和舞蹈家至高无上的梦想殿堂，能够登上这两大艺术殿堂，是多少艺术家一生的梦想。在我们国家，优秀的艺术家何止千千万万，而有幸登上这两大艺术殿堂的，却是我这样的聋哑姑娘。

是我们伟大的祖国，给我们插上了飞翔的翅膀；是许许多多善良的人，托起了我们残疾人的梦想。

我们的经历告诉世人：

残疾不是缺陷，而是人类多元化的特点。

残疾不是不幸,只是不便。

残疾人也有生命的价值。

我们残疾人不仅仅渴望"平等·参与·分享",我们正在以自己的智慧和意志,和全人类一起,共创美好明天!